高等职业教育新形态系列教材　　　　　　　　　活页式

互联网运营

主　编　王娅婷　赵东明
副主编　栾雅春　边　锐

北京理工大学出版社
BEIJING INSTITUTE OF TECHNOLOGY PRESS

版权专有　侵权必究

图书在版编目（CIP）数据

互联网运营 / 王娅婷，赵东明主编. --北京：北京理工大学出版社，2025.1.
ISBN 978-7-5763-4786-9
Ⅰ.F273-39
中国国家版本馆 CIP 数据核字第 2025KP1597 号

责任编辑：杜　枝　　　文案编辑：杜　枝
责任校对：周瑞红　　　责任印制：施胜娟

出版发行 / 北京理工大学出版社有限责任公司
社　　址 / 北京市丰台区四合庄路 6 号
邮　　编 / 100070
电　　话 / (010) 68914026（教材售后服务热线）
　　　　　(010) 63726648（课件资源服务热线）
网　　址 / http://www.bitpress.com.cn

版 印 次 / 2025 年 1 月第 1 版第 1 次印刷
印　　刷 / 河北盛世彩捷印刷有限公司
开　　本 / 787 mm×1092 mm　1/16
印　　张 / 14.75
字　　数 / 346 千字
定　　价 / 49.80 元

图书出现印装质量问题，请拨打售后服务热线，负责调换

前言

在数字化教育转型的过程中,在深入贯彻党的二十大精神,全面贯彻党的教育方针的基础上,互联网作为数字经济最活跃、最重要的支撑领域,为了实现"个性需求、能力导向、数字赋能"的新商科人才培养模式,创设个性化、沉浸式、体验式的教学模式,打造动态性、针对性、多元性和交互性的"互联网+数字化"新形态教材是时代的必然趋势,要与数字教学资源、数字教学工具、数字教学平台建设相辅相成,协同推进,不断调整教材内容和呈现方式,以实现数智化优质资源的共享共融。

2020年人社部联合国家市场监管总局、国家统计局发布的新职业中,包含互联网营销师和全媒体运营师两个新职业,并发布了国家职业技能标准。

随着互联网、移动互联网时代的发展,运营岗位的职能逐渐趋于成熟,基于互联网行业的新岗位、新技术、新需求,我们构建了知识体系和工作方法,帮助零经验的职场新人对互联网运营、产品运营、内容运营、用户运营四大最基础的板块进行知识体系的梳理,明确这些岗位应该做些什么,需要哪些技能,应该掌握什么知识、具备什么样的职业素养,循序渐进,通过阿里巴巴学徒制项目和大量的真实案例,逐步完成具体的项目工作,搭建系统的互联网运营知识体系。

本书内容完整全面、逐层递进、深入浅出,具有以下特点:

1. 充分落实立德树人根本任务

本书以立德树人为出发点,从学生的社会属性、工作岗位、个体人格三个层次构建了素质成长框架体系,基于问题现象、产生原因、培养目标、解决路径、实施手段、效果成效六步递进法,逐层剖析素质成长路径。

社会层面,勘定教学理念,修身以守正,解决躺平与内卷的社会性问题;工作岗位层面,创新教学方法,精技以立业,解决学生不会干、干不好的职场问题;个体人格层面,整合教学内容,立心以铸魂,改变工具人心态,激发学生内生动力。真正实现育民之所需、教企之所求、解人之所惑,达到育人、育才的高度统一。

2. 任务形式符合教育教学要求

本书以企业真实项目为驱动,根据互联网企业基本工作框架设置4个教学模块,根据框架下的工作流程设置12个教学项目,开展实战教学。每个项目采用企业项目管理八步法组织实施教学环节,加入项目任务导图、项目策划书、项目过程考核表等内容,以任务为驱动开展教学,最终逐步内化吸收知识技能,同时项目成果直接转化,服务企业,让学生边学边干,干了就用,切实提升学生学习动力,符合教育教学要求。

3. 资源配备突出教材实用实效

本书采用立体化教材模式，加入了开放式教学平台、视频微课、二维动画、虚拟仿真实训平台、访谈实录、闯关小游戏、协同办公软件、优秀教案、教学课件、习题库、拓展资源等多种教学资源，为课程提供整体学习解决方案，满足教师教学需求和学生学习需要，提高教学、学习质量。

4. 内容设置道术兼修知行合一

很多运营课程的教学都追求方法、技巧，这些是运营的"术"，但是对于职场新人三年、五年后的长远发展，也需要储备充足的运营内涵和价值，并将其作为基础，即运营的"道"。这就好比一个百宝箱，里面有很多兵器，学生不单要学会怎么用每一个兵器，更要知道针对不同的情况，选择哪一款兵器才能胜利。本书帮助学生从底层逻辑系统化梳理运营的脉络，从抽丝剥茧到严丝合缝，从思维拓展到项目实操，有着深刻的内涵和落地实操性，值得细细品味。

本书由辽宁机电职业技术学院教学团队与阿里巴巴辽宁南合伙人，基于阿里巴巴学徒制联合办公多年运营经验，经过反复打磨、尽心设计而成。辽宁机电职业技术学院王娅婷任第一主编并统稿，王娅婷编写项目一、项目七、项目八、项目九、项目十；辽宁机电职业技术学院赵东明担任第二主编，编写项目二、项目十一、项目十二；辽宁机电职业技术学院栾雅春编写项目三、项目六；辽阳机电职业技术学院边锐编写项目四、项目五。

本书在编写过程中，借鉴了众多学者的研究成果，参考了相关出版物、文献资料及网站资源，在此向各位专家、学者表示感谢！由于编者水平有限，书中难免有不足之处，敬请广大读者批评指正！

编 者

目录

模块一　互联网运营底层逻辑

项目一　互联网运营基本认知 ………………………………………………… 3
1. 项目导入 ……………………………………………………………… 3
2. 项目启动 ……………………………………………………………… 4
3. 项目成长 ……………………………………………………………… 4
4. 项目策划 ……………………………………………………………… 9
5. 项目执行 ……………………………………………………………… 10
6. 项目监控 ……………………………………………………………… 11
7. 项目评审 ……………………………………………………………… 12
8. 项目拓展 ……………………………………………………………… 13

项目二　运营的底层逻辑 ……………………………………………………… 14
1. 项目导入 ……………………………………………………………… 15
2. 项目启动 ……………………………………………………………… 15
3. 项目成长 ……………………………………………………………… 17
4. 项目策划 ……………………………………………………………… 24
5. 项目执行 ……………………………………………………………… 25
6. 项目监控 ……………………………………………………………… 28
7. 项目评审 ……………………………………………………………… 28
8. 项目拓展 ……………………………………………………………… 29

项目三　运营的核心技能 ……………………………………………………… 30
1. 项目导入 ……………………………………………………………… 31
2. 项目启动 ……………………………………………………………… 32
3. 项目成长 ……………………………………………………………… 32

4. 项目策划 …… 39
5. 项目执行 …… 40
6. 项目监控 …… 42
7. 项目评审 …… 43
8. 项目拓展 …… 43

模块二　产品运营

项目四　什么是产品运营 …… 47
1. 项目导入 …… 48
2. 项目启动 …… 49
3. 项目成长 …… 49
4. 项目策划 …… 55
5. 项目执行 …… 60
6. 项目监控 …… 61
7. 项目评审 …… 61
8. 项目拓展 …… 62

项目五　互联网产品认知 …… 63
1. 项目导入 …… 64
2. 项目启动 …… 65
3. 项目成长 …… 65
4. 项目策划 …… 82
5. 项目执行 …… 82
6. 项目监控 …… 83
7. 项目评审 …… 84
8. 项目拓展 …… 84

项目六　产品竞品分析 …… 85
1. 项目导入 …… 86
2. 项目启动 …… 87
3. 项目成长 …… 87
4. 项目策划 …… 107
5. 项目执行 …… 108

6. 项目监控 ·· 108
7. 项目评审 ·· 109
8. 项目拓展 ·· 110

模块三　内容运营

项目七　什么是内容运营 ·· 113
1. 项目导入 ·· 114
2. 项目启动 ·· 115
3. 项目成长 ·· 115
4. 项目策划 ·· 129
5. 项目执行 ·· 130
6. 项目监控 ·· 130
7. 项目评审 ·· 132
8. 项目拓展 ·· 133

项目八　内容生产的原理 ·· 134
1. 项目导入 ·· 135
2. 项目启动 ·· 136
3. 项目成长 ·· 136
4. 项目策划 ·· 145
5. 项目执行 ·· 146
6. 项目监控 ·· 147
7. 项目评审 ·· 148
8. 项目拓展 ·· 148

项目九　内容生产的方法 ·· 149
1. 项目导入 ·· 150
2. 项目启动 ·· 151
3. 项目成长 ·· 151
4. 项目策划 ·· 164
5. 项目执行 ·· 164
6. 项目监控 ·· 165
7. 项目评审 ·· 167

8. 项目拓展 ········ 168

模块四　用户运营

项目十　什么是用户运营 ········ 171

1. 项目导入 ········ 172
2. 项目启动 ········ 173
3. 项目成长 ········ 173
4. 项目策划 ········ 187
5. 项目执行 ········ 187
6. 项目监控 ········ 188
7. 项目评审 ········ 190
8. 项目拓展 ········ 190

项目十一　洞察用户 ········ 191

1. 项目导入 ········ 192
2. 项目启动 ········ 192
3. 项目成长 ········ 193
4. 项目策划 ········ 205
5. 项目执行 ········ 205
6. 项目监控 ········ 206
7. 项目评审 ········ 208
8. 项目拓展 ········ 208

项目十二　用户运营模型 ········ 209

1. 项目导入 ········ 210
2. 项目启动 ········ 210
3. 项目成长 ········ 211
4. 项目策划 ········ 223
5. 项目执行 ········ 224
6. 项目监控 ········ 224
7. 项目评审 ········ 226
8. 项目拓展 ········ 226

参考文献 ········ 228

模块一　互联网运营底层逻辑

项目一

互联网运营基本认知

项目结构

任务1.1　互联网运营基本认知
任务1.2　为什么要学习互联网运营
任务1.3　互联网运营的岗位分类

任务目标

素质目标	1. 理解万物皆可运营的思维逻辑
	2. 通过对互联网发展史的了解，提升民族荣誉感
知识目标	1. 掌握互联网运营定义
	2. 明确运营的四大板块
能力目标	1. 能够简单区分互联网产品不同业务板块
	2. 深刻理解运营的定义和价值

1. 项目导入

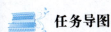

任务导图

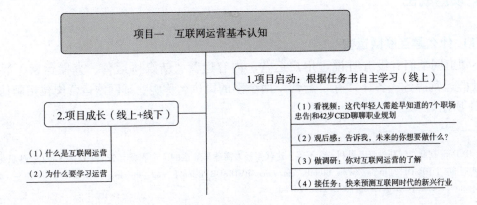

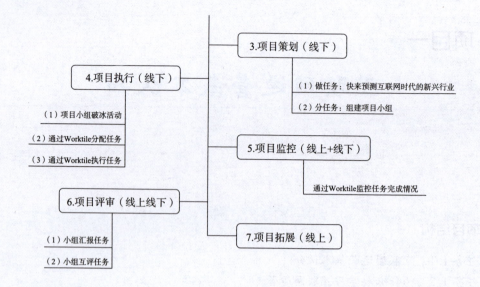

2. 项目启动

序号	任务	内容
1	看视频	【视频】这代年轻人需趁早知道的 7 个职场忠告|和 42 岁 CEO 聊聊职业规划① 扫码观看视频： 1.1.1 这代年轻人需趁早知道的 7 个职场忠告|和 42 岁 CEO 聊聊职业规划　　　1.1.2 什么是互联网运营
2	观后感	【讨论】告诉我，未来的你想要做什么？
3	做调研	【问卷】你对互联网运营的了解
4	接任务	【任务】快来预测互联网时代的新兴行业

3. 项目成长

（1）什么是互联网运营

  不知道同学们有没有听说过用户运营、内容运营、新媒体运营、直播运营、活动运营、社群运营等各式各样带有"运营"两个字的岗位名称呢？某网站运营岗位招聘信息如图 1-1 所示。

---

① 姜 Dora 在此. 红利没赶上黑利一个不落，这代年轻人需趁早知道的 7 个职场忠告\|和 42 岁 CEO 聊聊职业规划、AI、垃圾时间［DB/OL］. https：//www.bilibili.com/video/BV18qDBYfEfm/？spm_id_from=333.337.search-card.all.click&vd_source=d3051e523089f42bc10924029c79d71d.

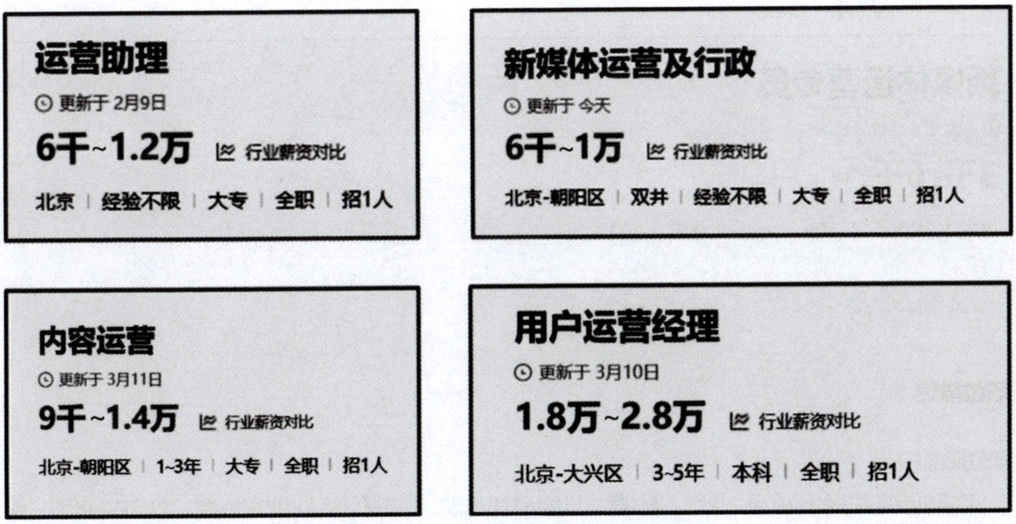

项目一 互联网运营基本认知

运营助理
更新于2月9日
6千~1.2万 | 行业薪资对比
北京 | 经验不限 | 大专 | 全职 | 招1人

新媒体运营及行政
更新于今天
6千~1万 | 行业薪资对比
北京-朝阳区 | 双井 | 经验不限 | 大专 | 全职 | 招1人

内容运营
更新于3月11日
9千~1.4万 | 行业薪资对比
北京-朝阳区 | 1-3年 | 大专 | 全职 | 招1人

用户运营经理
更新于3月10日
1.8万~2.8万 | 行业薪资对比
北京-大兴区 | 3-5年 | 本科 | 全职 | 招1人

图1-1 某网站运营岗位招聘信息

在招聘网站上，能够看到各种互联网运营相关岗位，有的岗位工作经验不限、学历要求为大专的，起薪一般在5 000元以上。作为电子商务专业的学生，你们是否了解这些岗位呢？这些新兴的运营岗位和传统的店铺运营有什么区别呢？工作职责是什么？高职院校的学生毕业后，可不可以做运营？某网站新媒体运营/抖音运营岗位招聘信息如图1-2所示。某网站新媒体运营专员招聘信息如图1-3所示。

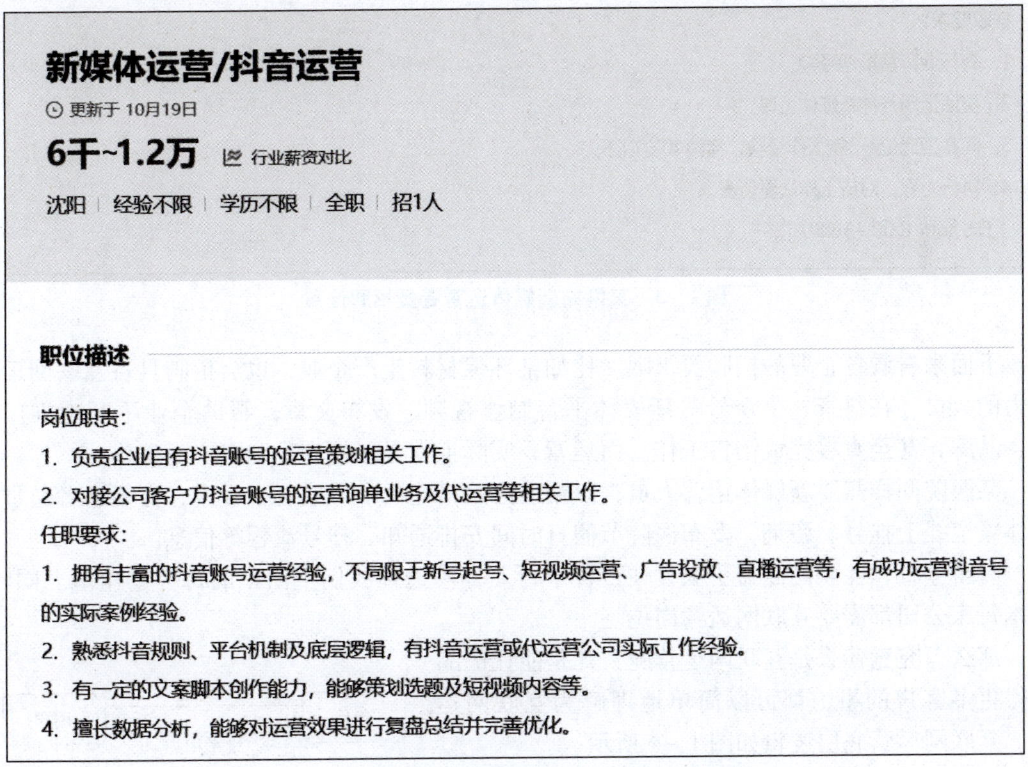

新媒体运营/抖音运营
更新于10月19日
6千~1.2万 | 行业薪资对比
沈阳 | 经验不限 | 学历不限 | 全职 | 招1人

职位描述

岗位职责：
1. 负责企业自有抖音账号的运营策划相关工作。
2. 对接公司客户方抖音账号的运营询单业务及代运营等相关工作。

任职要求：
1. 拥有丰富的抖音账号运营经验，不局限于新号起号、短视频运营、广告投放、直播运营等，有成功运营抖音号的实际案例经验。
2. 熟悉抖音规则、平台机制及底层逻辑，有抖音运营或代运营公司实际工作经验。
3. 有一定的文案脚本创作能力，能够策划选题及短视频内容等。
4. 擅长数据分析，能够对运营效果进行复盘总结并完善优化。

图1-2 某网站新媒体运营/抖音运营岗位招聘信息

新媒体运营专员

⊙ 更新于 11月16日

3干~6干 行业薪资对比

丹东-振兴区 | 1~3年 | 大专 | 全职 | 招1人

职位描述

职位描述
1. 负责机构宣传平台(公众号、抖音、美团等)日常运营和维护,提高关注度和用户活跃度,包含内容策划、创作、编辑、发布、维护、管理互动、舆情监管。
2. 结合业务策划与推广相关主题,利用社会化新媒体沟通方式进行社会化营销。
3. 回应用户的日常互动,发展和维护粉丝群;分析行业的传播方案,给出合理化建议,负责新媒体的战略推广、运营策略的制定和实施。
4. 协助其他部门直播活动及宣传。
5. 百度竞价维护及日常客户接待。
6. 领导交办的其他工作。

任职要求:
1. 有行业运营策划经验。
2. 灵活运用各种新媒体工具。
3. 同类型岗位1~3年工作经验,年龄40岁以下。
4. 执行力强,对待工作认真负责。

工作时间: 8:00—16:30

图1-3 某网站新媒体运营专员招聘信息

下面来看看各企业的招聘要求吧。比如某环保材料生产企业,也会招聘具备互联网运营能力的人员,在抖音、公众号等新媒体平台制作视频、发布文章,帮助企业不断地推广产品、品牌,甚至直接完成销售工作。而运营,实际上就是对接产品和客户的工作。

某医院同样需要新媒体运营人员,以帮助医院搭建公众号或者小程序,方便患者通过新媒体渠道线上挂号、咨询,发布医院节假日时间安排通知、挂号流程等信息。

时至今日,互联网涵盖了衣食住行各个行业,渗透到我们生活中的每一个角落。同时,基本每家公司都需要互联网运营岗位。

那么,究竟什么是互联网运营呢?凡是能让产品获得更多客户的事,都可以简单地理解为互联网运营。互联网运营底层逻辑如图1-4所示。

互联网运营,即在互联网环境下,为了获得用户

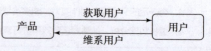

图1-4 互联网运营底层逻辑

增长，做好用户维系、提高收入，你需要使用的一切手段。

目前互联网上的运营岗位非常多，比如内容运营、产品运营、用户运营、活动运营、社群运营、店铺运营、数据运营、新媒体运营、直播运营、短视频运营、KOL运营，等等。

【思考】

我们用生活中的场景来思考一个问题：如果将学校比作产品，学生比作用户，同学们选择一下，在不同的场景下，哪些属于运营岗位呢？

【任务】同学们，现在你对运营有了多少了解呢？最后让我们完成一个小任务吧。请同学们打开手机中的任意两个APP，寻找各类运营岗位的职能，它们体现在应用中的哪些角落里呢？

让我们打开手机中的APP
寻找各类运营岗都藏在哪些角落里

（2）为什么要学习互联网运营

学习前，我们先思考几个问题，什么是电子商务？在互联网上买东西，你能够想到的电子商务平台都有哪些呢？淘宝、京东、拼多多、唯品会、亚马逊、阿里巴巴……是不是这些传统电子商务购物平台？

1.1.3 为什么要学习互联网运营

但是随着移动互联网时代的崛起，电子商务行业的定义在不断延伸和泛化。例如，我们购物的渠道更加宽泛了，除了上述平台，我们还可以在哪里购物呢？微信小程序、微信群、抖音、小红书、美团、微博、闲鱼……

同时，在互联网上，我们不仅会购买产品，还会购买各种服务。例如，在滴滴上打车；在网易云音乐里买歌；在爱奇艺上买电视剧；在大学慕课上购买知识；在下厨房里买菜谱；在喜马拉雅上买故事……

我们的手机里充斥着各种各样的APP。我们不仅在网上买卖商品，还可以在网上平台寻求生活消费解决方案。电子商务不断地以更适合的形式为我们提供产品和服务，来满足我们的需求。

然而，当我们回头观望，却发现电子商务行业从诞生之初到现在，不过二十余载，转眼间瞬息万变。当我们把聚焦在电子商务上的目光放远，就会发现它仅仅是互联网行业的冰山一角。当电子商务开始无限拥抱互联网时代，与互联网交织起千丝万缕的联系时，当电子商务不再是单纯地作为一种商业模式存在时，当全球经济不断衰退，而中国踔厉奋发、不断崛起之时，站在时代潮头的我们，也要不断拥抱新知识、新领域、新科技、新思维，不然我们终将被时代抛弃。

人类的知识体系就像一棵树，基础逻辑更接近树根，应用技术更像是枝干，而新概念、新领域就像是最外围的树叶。叶子长得好固然重要，但我们要让叶子长得健康，就要把树根照顾好。

在互联网运营这门课程中，将互联网平台背后的运行原理抽离出来，帮助我们在日新月异的具象世界中，洞察互联网产品的底层逻辑，结合核心技能，实现项目执行与落地；在日新月异的互联网世界里，要保持内心的平静、人格的独立，不要被带节奏；不贩卖焦虑，最好的方式，就是跟那个更加永恒、更加抽象的世界建立联系。

【素养提升】

如果不断增长的见识，让我们看清了世界的不公，是否还需要保留赤子的初心？
如果不断积累的挫折，让我们厌恶了世界的无情，是否还需要存有热情和希望？
如果不断遭受的毒打，让我们顿悟了世界的剥削，是否还需要坚持独立和自强？
这些问题值得我们用一生去追问。
就像《幸福之路》里说的：世界不只有我们看到的那一面，想要真正了解它，我们不要只有一幅图画，而要拥有整个画廊；而这门课，就是希望为你打开通往画廊那道大门的工具箱。
常羡人间琢玉郎，天应乞与点酥娘。
尽道清歌传皓齿，风起，雪飞炎海变清凉。
万里归来颜愈少，微笑，笑时犹带岭梅香。
愿你出走半生，归来仍是少年！
也欢迎你加入互联网运营，人生不易，让我们用前人的精髓与你共勉！

(3) 互联网运营岗位分类

互联网运营岗位分类如图1-5所示。

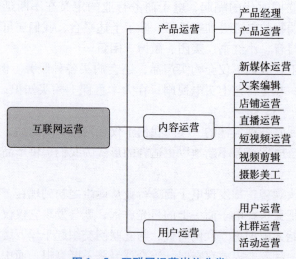

图1-5 互联网运营岗位分类

如前文所述，互联网运营的本质就是对接产品和用户的工作。凡是能让产品获得更多用户的事，都可以简单地理解为运营。

那么为了将用户和产品维系在一起，从宏观上来说，运营岗位可以大体分为三类，即产品运营、内容运营、用户运营。

①产品运营。这里的产品特指互联网产品，即你与用户发生关联的渠道、平台。比如你

需要购物，可以去淘宝，对于阿里巴巴这家公司而言，它与用户产生关联的渠道就是淘宝手机端 APP；或者一家服装企业，想要通过互联网销售自己的服装，对于企业而言，其互联网产品可以理解为它的淘宝店铺、抖音小店、拼多多店铺、微信小程序店铺，等等。

打个比方来说，产品经理是在造船，负责把船从无到有地打造出来。他要根据这艘产品之船所承载的客户群体、目标方向、海域特征、船只类型、功能效用等内容来打造，并逐步完善船体。

而产品运营通常是指产品经理做好了与用户关联的平台渠道后，产品运营需要使船只持续运行，让船只有更多的客户，装载更多的货物，航行得更远。

②内容运营。船只造好之后，我们需要用具体的内容来吸引用户进入平台，如抖音上的短视频、快手上的直播、公众号上的文章、朋友圈里的文案、淘宝上的产品详情页等，内容运营需要不断地策划、制造、生产、传播这些内容，从而吸引更多的用户来到平台，留在平台，并最终完成消费转化。

在内容运营的大框架下，可以将岗位细分为店铺运营、新媒体运营、直播运营、短视频运营、文案编辑、视频剪辑、摄影美工等。

③用户运营。平台的内容创造好之后，随着用户的不断增加，我们需要对用户进行区分管理。通过分析用户在应用场景中的行为和需求，对用户的人群及生命周期进行划分，针对不同的用户人群，制定精细化的运营目标，通过整合资源，为不同的用户人群提供差异化的运营策略，从而不断实现用户的获客、激活、留存、商业变现等目标。

在用户运营的大框架下，可以将岗位细分为活动运营、社群运营、KOL 运营等。

1.1.4 企业实战演练－寻找隐藏在 APP 中的运用岗位

4. 项目策划

项目策划书

项目一　互联网运营基本认知				
项目名称	寻找隐藏在 APP 中的运营			
项目目标	随着互联网行业的发展，互联网运营渗透在互联网产品和服务的各个环节，让我们寻找各类运营岗位都隐藏在 APP 的哪个角落里			
项目说明	运营岗位包含产品运营、内容运营、用户运营、活动运营、社群运营、数据运营、新媒体运营			
项目工具	Worktile	项目时间		37 分钟
项目管理流程				
序号	任务名称	任务说明	负责人	KPI	时间
1	明确团队成员	每组 4~6 人	队长	1 分	4 分钟
2	选定 APP	选定 1~2 个 APP 能够覆盖全部运营岗位	队长	1 分	5 分钟

续表

序号	任务名称	任务说明	负责人	KPI	时间
3	分配岗位	每人负责1~2个运营岗位	成员	3分钟	
4	寻找运营岗位	截图并说明	成员	每个岗位1分	5分钟
5	生成报告	制作简单的报告	A成员	2分	10分钟
6	汇报路演	上台讲解	B成员	2分	5分钟
7	项目评审	为小组成员录入分数	队长	1分	5分钟
项目评审（5分）					
教师点评（70%）					
小组互评（30%）					

5. 项目执行

Teambition① 是阿里巴巴集团旗下数字化协同办公工具，为企业提供项目管理和任务管理解决方案，致力于帮助企业实现全面数字化办公转型。在风云变幻的 VUCA 时代，企业内不同层级的员工面临着各种各样的挑战。

1.1.5　如何使用 Teambition 完成高效协作

对个人来说，任务繁杂，无法分清轻重缓急；花大量时间成本用于跨部门沟通；沟通渠道众多，常常遗漏消息。

对管理层来说，决策执行拖延，根本落实不下去；过程不透明，目标与结果常常偏离；管理靠汇报，难以触达一线。

对企业来说，部门墙厚重，协作障碍大；企业的目标无法落地，跟不上瞬息万变的市场。

Teambition 能做什么？

①从企业战略到目标，再到执行全量在线。工作项目化、透明化、可视化，更加直观高效。

②工作件件有着落，事事有回应。Teambition 的协同不再以沟通为主线，而是围绕着"事"协作，工作从此变得聚焦、有始有终。

③固化工作流程，规模化复用经验。Teambition 帮助企业将工作流程标准化，让工作中的所有事项都能按照标准模板复用执行。

④沉淀企业隐性资产，形成专属知识库。无论是过程资产、知识资产还是流程资产、数据资产，都可以永久留存。Teambition 项目分解示意图如图 1－6 所示。

让我们首先通过一段视频来快速了解一下如何使用 Teambition 完成高效协作吧，视频网址见脚注。

---

① Teambition 知识社区. 如何使用 Teambition 完成高效协作？［DB/OL］. https://alidocs.dingtalk.com/i/p/nb9XJl7k8dxRPGyA/docs/OBldywvrKxo89xLzzLd3JQk2ngpNbLz4.

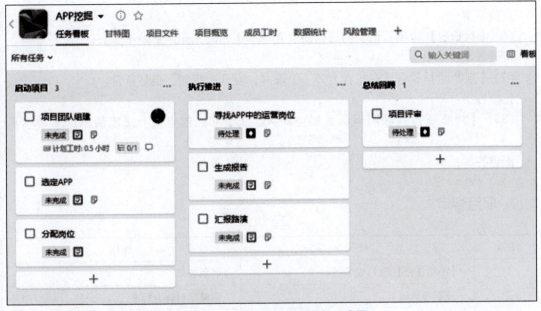

图 1-6　Teambition 项目分解示意图

6. 项目监控

本项目学习的是《互联网运营基本认知》，项目监控的主要目的是通过 Worktile 检查我们对互联网运营基本认知的完成情况。

(1)【单选题】我做了一个视频，发表在了抖音上，那这个视频是（　　）。
A. 内容运营　　　　B. 用户运营　　　　C. 活动运营　　　　D. 产品运营
正确答案：A

(2)【单选题】如果我想向市场投放一款新的产品，可以通过抖音、知乎、B 站、微博等方式推广产品，这种行为是（　　）。
A. 内容运营　　　　B. 渠道运营　　　　C. 用户运营　　　　D. 社群运营
正确答案：B

(3)【多选题】互联网运营包含的职责有（　　）。
A. 进行数据分析　　　　　　　　B. 撰写视频、文章等内容
C. 管理用户会员等级　　　　　　D. 举行用户线下活动
正确答案：ABCD

(4)【多选题】互联网运营所需要具备的技能，包括（　　）。
A. 较强的学习能力以及学习效果转化能力
B. 较强的沟通能力、团队协调能力
C. 较强的逻辑思维能力、问题分析能力
D. 新生事物的接受能力和好奇心、敏感度
正确答案：ABCD

(5)【判断题】根据项目执行过程,互联网运营是个只与人打交道的工作岗位。(   )

正确答案:×

(6)【判断题】市场营销、网络营销、互联网运营的工作职责差不多。(   )

正确答案:×

(7)【判断题】我自己在抖音上开一个账号,发几个视频,也是运营。(   )

正确答案:√

(8)【判断题】互联网运营发展空间大、机会多、起点低、技能简单、非常容易。(   )

正确答案:×

7. 项目评审

序号	任务	作用
1	【小组任务】项目成果展示	展示成果
2	过程考核表	明确项目评分标准
3	项目总结	小组互评、教师点评、项目总结

过程考核表			
项目名称	寻找隐藏在 APP 中的运营		
项目类别	团队任务	项目总分	10 分
项目评分标准			
序号	任务名称	任务要求	项目得分
1	明确团队成员	团队成员合作愉快、态度认真、积极参与	2 分
2	选定 APP	APP 能够覆盖全部运营岗位	1 分
3	分配岗位	责任分配明确	1 分
4	寻找运营岗位	能够寻找到对应的运营岗位,并清晰地说明	1 分
5	生成报告	PPT 制作无误,覆盖全部内容,具有欣赏性	2 分
6	汇报路演	语言讲解得当、内容全面、逻辑清晰	2 分
7	项目评审	小组互评、组内自评客观、认真,提出问题	1 分
最终得分			

8. 项目拓展

扫描二维码领取拓展资源

1.1 互联网运营基本
内容高级岗位

项目二　运营的底层逻辑

项目结构

任务 2.1　目标导向意识
任务 2.2　回报后置思维
任务 2.3　拆解问题的方法

任务目标

素质目标	1. 明确自己的人生观和价值观
	2. 培养探究问题的意识
	3. 培养解决问题的能力
	4. 根据岗位目标规划职业路径
知识目标	1. 具有目标导向意识
	2. 具有回报后置的思维
	3. 学会拆解问题的方法
能力目标	1. 能够根据 MBTI 明确自身优势
	2. 能够结合自身优势撰写简历
	3. 具备互联网运营的底层逻辑
	4. 根据运营逻辑和价值观挖掘自己的职业规划

项目二 运营的底层逻辑　　15

1. 项目导入

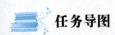**任务导图**

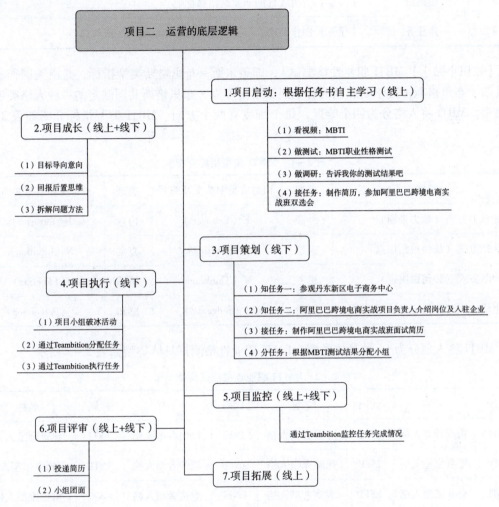

2. 项目启动

序号	任务	内容
1	看视频	【视频】MBTI 职业性格测试，你的性格适合从事什么职业？ 扫码观看视频： 1.2.1　项目启动–1 视频：全球公认的 MBTI 人格分类法，16 型人格与职业偏好

续表

序号	任务	内容
2	做测试	【测试】MBIT 职业性格测试
3	做调研	【问卷】告诉我你的职业性格属性吧
4	接任务	【任务】制作简历，参加阿里巴巴跨境电商实战班双选会

【知识小贴士】MBTI 职业性格测试[①]，即迈尔斯－布里格斯类型指标，是由美国作家伊莎贝尔·布里格斯·迈尔斯和她的母亲凯瑟琳·库克·布里格斯共同制定的一种人格类型理论模型。MBTI 将人格分为四个维度，每个维度有两个方向。MBTI 类型指标介绍如表 2-1 所示。

表 2-1 MBTI 类型指标介绍

维度	类型	相对应类型英文及缩写	类型	相对应类型英文缩写
注意力方向（精力来源）	外倾	E（Extrovert）	内倾	I（Introvert）
认知方式（如何搜集信息）	实感	S（Sensing）	直觉	N（Intuition）
判断方式（如何做决定）	思考	T（Thinking）	情感	F（Feeling）
生活方式（如何应对外部世界）	判断	J（Judgment）	感知	P（Perceiving）

MBTI 将人划分为 16 种具体类型。BMTI 职业性格测试具体类型如表 2-2 所示。

表 2-2 BMTI 职业性格测试具体类型

代码	名称	代码	名称	代码	名称	代码	名称
ISTJ	物流师型人格	ISFJ	守卫者型人格	INFJ	提倡者型人格	INTJ	建筑师型人格
ISTP	鉴赏家型人格	ISFP	探险家型人格	INFP	调停者型人格	INTP	逻辑学家型人格
ESTP	企业家型人格	ESFP	表演者型人格	ENFP	竞选者型人格	ENTP	辩论家型人格
ESTJ	总经理型人格	ESFJ	执政官型人格	ENFJ	主人公型人格	ENTJ	指挥官型人格

MBTI 职业性格分类如图 2-1 所示，快来告诉我你的职业性格属性吧！

---

① 心河摆渡. 全球公认的 MBTI 人格分类法，16 型人格与职业偏好（完整解读）专业测试方法，你是哪一种？[DB/OL]. https://www.bilibili.com/video/BV1eb4y117rY/? spm _ id _ from = 333. 337. search － card. all. click&vd _ source = d3051e523089f42bc10924029c79d71d.

图 2-1 MBTI 职业性格分类

3. 项目成长

通过上一项目，同学们对运营已经建立了一个基本的认知。接下来，将逐步讲解距离落地更近的内容，以帮助同学们快速地提升作为运营人员的自我修养，即掌握运营人员必备的基本素质、思维方式、工作习惯。

(1) 目标导向意识

什么是目标导向意识？其实，所有的工作都可以归类到以下两种属性中：

① 纯粹的技术支持类工作。
② 目标导向类工作。

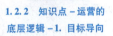

1.2.2 知识点-运营的底层逻辑-1. 目标导向

大部分同学在初入职场时，做的工作其实都是第一种，往往目的性不强。比如，很多同学毕业后的第一份工作基本上是客服，基本职责就是和用户互动、陪用户聊天、解决用户的问题。虽然客服也是运营岗位中的一部分，但是如果做客服的目标不同，就会产生两种不同的做法。

如果你把客服仅仅作为一份养活自己的工作，有客户来了就回应一下，按部就班地解答问题，没有客户时就玩会儿手机、喝杯奶茶，交个总结报告就算交差了，最大的乐趣就是和同事吐槽今天碰到的奇葩客户。

你也可以把"客服"看作整个用户体验链条上的组成部分和整个店铺运营的重要环节。在这个逻辑下，你的任务可能就是：借助客服工作所得到的用户反馈去反推你们的产品、服务的潜在问题，又或者是挖空心思给用户制造一些"超出他们预期的体验"，并想尽办法促使他们愿意帮助你去把更多跟你的产品有关的信息分享、传播出去。

通常来讲，如果你处于第一种状态，就很容易变成一个无关紧要的人，也很茫然，反正干好干坏都一样,无非就是接电话、回答问题,别让客户投诉就好,但你内心会觉得做客服没有前途。因为本质上,你只是单纯依靠出卖劳动力和时间来达成工作,价值感很低,非常容易被替代,且无论你干半年还是三年,都可能没有什么成长。

那成长从何而来呢?

你需要尽一切努力向第二种状态看齐,哪怕你所在的公司和环境极度看不起你做的工作。在目标导向性的逻辑下做工作,你可能会去关注一周内接收到的所有客服信息,会把这些信息分类。

比如,你可能借由归类分析发现:询问"这是个什么东西,怎么用?"的人特别多。于是你反推出来,我们的产品设计和表达可能有问题,又或者是产品的新用户引导有所缺失,需要补上;并把结论反馈给产品经理,借此推动产品的改进和完善。

当你处于第一种状态时,可能随时都会被一个2 000元工资的实习生所替代;但如果你进入第二种状态,你会发现你的工作产出和价值感与之前有着本质的差异,同时这些产出对同学们的个人履历也是很好的加分项。

其实,同学们都能理解目标导向意识的重要性;但是,如何才能够制定正确的目标呢?我们根据下面的案例来分析一下。

> 【案例】某儿童绘本书店,借阅绘本年费600元,受到多种原因影响,来店里续费的会员少了很多,店里想通过一个微信社群,激活老会员,并吸引更多的新会员。如果你作为社群运营的负责人,你的目标是激活老会员,让更多的新会员加入。你会做些什么呢?

【思考】拉社群,发朋友圈,发红包,拉一个新会员进来送礼品?这样做群里肯定很热闹,人数也能快速增加,但红包一停,就变成了"僵尸"群。做社群的第一步,是要了解老板为什么要建社群,他的需求是什么。重点不在于群里的人有多少,而是群里的会员愿意付费,并介绍更多的人进群。我们知道书是标品,在谁家买都一样,如果想让客户在自己的店里买,重点在于让客户喜欢你。因此我们的目标可以是让会员喜欢我们。

我们将目标设定为:让会员在群里感受到阅读的快乐,从而增加对书店的认可度、活跃度,并拉来更多的人一起阅读。你会发现,建社群,拉新只是一个路径。

目标导向的第一步:根据需求,定义目标。尤其不要错把路径当成目标。

目标导向的第二步:明确目标的路径。比如,我们为了增加用户的认可度和活跃度,可以通过微信社群、微信小程序、抖音等,来搭建私域流量。

目标导向的第三步:制定目标达成的衡量指标或方案。在微信社群这个路径下,可以发布线下的户外读书分享活动,只有会员可以报名。参加活动的家庭,要求自愿准备一个小话剧,让家长和孩子共同表演一个故事,分享读书心得。散会后,孩子们还可以郊游,这样既做了宣传,又增加了老会员的黏性。社群里的家长也可以通过捐赠旧绘本,换取会员时间等。

你看,这样是不是比发红包、拉人头赠会员,更让会员有归属感了?会员的活跃度和忠诚度也大大提升了。

> **【素养提升】** 这里有一个重点需要提出：同学们一定要区分开目标导向和结果导向。
>
> 目标导向，是通过目标，确定我们前进的方向，重点在于前进的方向和过程，在前进的过程中，我们可以不断地修正我们的目标、调整指标，可能最终我们没能实现目标，但是在努力的过程中，我们变得更加优秀了。
>
> 结果导向，是通过各种手段，不计损失，达成某个结果。一旦失败，就满盘皆输。虽然可以成功，但是这种成功往往不可持续。比如我们之前说的发红包，就是简单粗暴的结果导向。
>
> 正如汪国真在《热爱生命》中说道："我不去想，是否能够成功，既然选择了远方，便只顾风雨兼程。"
>
> 慢变量是长期主义者的天堂
却是急功近利者的地狱

(2) 回报后置——互联网价值创造逻辑

1.2.3 知识点–运营的底层逻辑–2.回报后置

如果说传统商业的根基是等价交换，比如，商家卖给消费者衣服，消费者给钱，通常情况下，消费者就是使用商品的人，即用户，也是交钱购买的人，即客户；那么在互联网行业，就打破了这种等价交换。以淘宝为例，假如你在淘宝购买了一件连衣裙，你的钱给了店铺，而不是淘宝。因此淘宝并没有从你身上挣到钱。对于淘宝而言，你只是使用平台的用户，并非消费者。而入驻的商家，为了推广自己的店铺，在淘宝上付费购买了流量。对于淘宝而言，店铺才是给他钱的人，因此店铺才是淘宝的客户，而在淘宝上买东西的人，本质上就是淘宝的流量。

淘宝作为购物平台，需要吸引更多的流量，这样才会有更多的店铺愿意花钱。细心的同学应该发现了，在互联网平台上，用户和客户被分割开了。

同样，我们再来看另外一个案例——知乎。作为一个社区平台，有的人会提出问题或者回答问题，这类用户在创造内容；而在知乎上看文章的人，是在消费内容，这类用户的本质是平台的流量。这些用户，不但没有付出金钱成本，甚至可能因为创作内容，而得到平台的奖励打赏。而平台最终是依靠广告商在平台上做广告和推广，来获取回报。因此，广告商是平台的客户。

我们发现，无论是淘宝还是知乎，在绝大多数的互联网平台中，用户和客户是分隔开的。那么，问题来了，平台需要吸引足够多的用户，即流量，才能够让客户愿意花钱。那么对于平台而言，如何才能获取更多的用户流量呢？

不知道同学们是否还记得美团、拼多多、滴滴打车疯狂发红包的时期，平台需要先为用户创造价值，服务用户，从而吸引更多的用户，然后再通过其他的渠道和客户，获取利润回报。

因此，互联网的运营模式，打破了传统商贸的等价交换。在互联网行业，有一句经典的语句——"羊毛出在狗身上，让猪来埋单"，说的就是这个意思。

好的，现在我们理解了互联网行业回报后置思维的根本原因，那么如何锻炼回报后置思维呢？

初入职场的同学们，在具备一定的目标导向后，会迎来职场的一个爆发期。但是如果过分强调目标导向，过分重视回报和约束，容易进入"只有……才能……"的思维逻辑。这是一种从自身诉求出发的逻辑，其核心立场是：只有在我得到了我预期中的某些回报后，我才会考虑提供给你对应的服务或价值。但是，这会导致你的职业发展进入一个瓶颈期。

举个例子，强结果导向型思维模式如图2-2所示，只有你完成了某项任务或工作，才能拿到相对应的奖金和工资；或者只有确定你会付给我钱，我才会给你提供产品或服务。那么这种思维可能会延伸成"只要我能得到我想要的结果，别的都不重要"的逻辑。

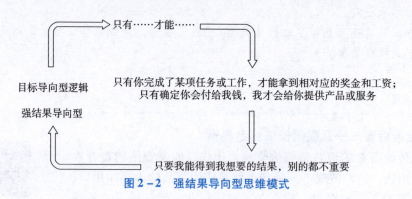

图2-2 强结果导向型思维模式

在这种逻辑下，或者是"强结果导向型"思维下，可能你会陷入误区，最终只对结果负责，为了达到目标，可以忽略其他损失，甚至是他人的感受和体验。其实，在传统的商品社会中，这种逻辑还是可执行的，也可以让人成功；但是在当今互联网时代，这种逻辑就显得太过单薄，用户肯定是无法接受的。因而，回报后置思维变得日益重要。回报后置型思维模式如图2-3所示。

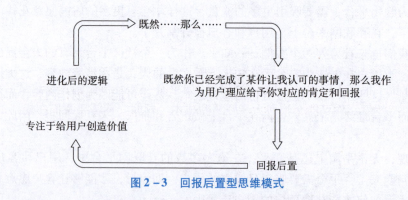

图2-3 回报后置型思维模式

那么，进化后的逻辑应该转变为"既然……那么……"的思维模式。这更多的是一种从用户端出发的逻辑，其用户端的核心立场是："既然你已经完成了某件让我认可的事情，那么我作为用户理应给予你对应的肯定和回报。"

举个例子，比如某小区有一个业主群，群主也是一位小区业主，是一个特别热心肠的人。特殊期间，他会帮大家订水果、蔬菜等物品，而且不收取任何费用。其实这位业主是一位律师，后来小区有人需要打官司时都找他，还帮他介绍业务。很快这位律师就开了一个自己的工作室。你看,当所有人都在这个社群中获得好处时,群主最终也能收获非常多的回报。

再如 keep 这款运动 APP,早期,其创始人王宁大四毕业前和女朋友分手了,因为伤心,他决定锻炼身体,最终从 180 斤[①]减到了 128 斤,然后就到论坛上分享自己的减肥经历,传播健身知识,慢慢地有了自己的粉丝,他就给粉丝们做了个小 APP,方便彼此交流和监督。起初大家只是喜欢这里的氛围,就像他的名字 keep——坚持。后来的故事,大家都知道了,这位"90 后"的大学生,在短短 3 年时间里,获得了 1 亿用户。

传统经济与互联网思维的区别如图 2-4 所示,传统的商品经济讲究的是转化,需要以交易达成为中心去运作;而当下的互联网运营讲究的是用户,需要以用户价值为中心去创造。

▼ 传统的商品经济讲究的是转化,需要以交易达成为中心去运作

▼ 互联网运营讲究的是用户,需要以用户价值为中心去创造

图 2-4 传统经济与互联网思维的区别

"回报后置"的逻辑思维更加强调,我们应该专注于给用户创造价值,并相信,当你创造的价值足够多时,用户会愿意给予你无条件的认可和回报,且这种回报有时会超出你的预期。

其实,回报后置理解起来并不难,但是真的要执行并彻底践行可能就非常困难了。因此我们有时候更喜欢把这种逻辑称为运营的信仰,希望能够给同学们带来一些启发和思考。

(3) 拆解问题——如何将复杂问题拆解的逻辑

前面我们认识了两种非常宏观的思维逻辑,很多同学可能觉得践行起来非常有难度,或者当你面对一个比较大的、不可控的项目时,仍然觉得无从下手。那么,接下来我们将学习一个将庞大事物或复杂问题进行拆解的逻辑——拆解问题。

1.2.4 知识点-运营的底层逻辑-3. 拆解问题

拆解问题是运营人员的重要工作之一。运营人员在具体执行项目的过程中,经常会面临很多不确定性因素,尤其是你需要协调各方资源,牵头做一个 APP 或活动时,会变得尤其困惑。因为你拉了很多人陪你一起做一个活动,如果有一个环节出错,导致最后没有成功,或没能达到预期效果,你可能会浪费大量资源和成本。这时,就需要我们在规划工作的过程中,首先发现问题,将问题拆解成一个个小颗粒,并对颗粒进行评估,排列优先级,最终搭建一个场景,逐个击破要点,解决问题,即 JTBD 模型(Jobs to be Done)。

在具体讲解之前,我们先来看一个案例,要求你作为一名项目负责人,让项目最终实施落地。

案例

某知识付费微信公众号希望做一个以"个人成长和管理"为主题的打包课程。

---

① 1 斤 = 500 克。

该课程由7名老师来上,把7门课程打包,变成系列课程,统一向用户推广和售卖。这样可以解决学员单次学习不系统,二次购买课程转化率不高的问题,也就是说让学员只做一次决策,而不是其次决策。但是该课程费用也不低,总售价为1 000元/人左右,课程报名人数不能低于30人,否则就收不回成本,且课程初步计划在15天后开课。

拆解问题的第一步:发现问题,即把项目拆解成细小的颗粒。拆解的颗粒要尽可能全面,有清晰的动作、目标和场景。比如,在本案例中,我们将项目拆解成4个问题颗粒,如图2-5所示。

- 1.需要找7位老师,需要与老师协调上课时间;
- 2.和老师们如何合作,是讲完课分成,还是直接支付给他们一个固定的报酬;
- 3.开课时间如何确定,是固定的时间,还是学员随时观看录制视频;
- 4.如果课程开出来了,没有那么多人报名怎么办?

图2-5 拆解案例的思路

通过拆解,可以看出很多项目在执行时,各种问题是相互影响、彼此交错的。比如,课程的定价、时间、上课模式等问题明显会对课程报名人数造成影响,而与老师合作的方式又会影响到课程的利润。组织过活动的同学都能感受到,做活动的不确定性和相关性是最让人头疼的事情。因此在这种情况下,如果决策错误,会浪费大量的人力和财力。

拆解问题的第二步:评估问题。我们需要对发现的问题进行评估,排列优先级。即在一系列不确定的因素中找到最核心的问题。请同学们分析一下,这四个问题中,哪一个最为核心呢?如图2-5拆解案例的思路所示。

有的同学可能已经发现了,在这四个问题中,最核心的其实是第四条:报名人数。因为如果我们知道了报名人数,那么,与老师的合作模式、上课模式、时间等问题也就相对更容易确定了。可问题是,我们如何在任何条件都不具备的情况下来确定报名人数呢?

接下来,我们再来看一个非常经典的使用互联网思维的案例。

案例 Dropbox[①]

Dropbox是在2007年第一个提出云端服务器概念的互联网产品。但是他的创始人Houston只是一名公司职员,经常出差,因此他想出了一个主意:把文件放到网络上不就可以了吗?可是他完全不知道如何开发软件,也没有任何启动资金,这可怎么办呢?Houston是如何让他的天马行空最终变成了现实呢?

1.2.5 DROPBOX
第一版官网的视频

① 天真无邪的菜狗. Dropbox第一版官网的视频[DB/OL]. https://www.bilibili.com/video/BV1Hh411i7bL/?spm_id_from=333.337.search-card.all.click&vd_source=d3051e523089f42bc10924029c79d71d.

Houston 自己一个人花了几天时间,在没有任何花费的情况下,做了这个视频,并把这个视频发布到 YouTube 上。这个视频发出去之后,迅速得到了用户的强烈反响,有几百万人在下面留言:这东西太酷了,在哪里下载,一定要用,等等。这时,Houston 才开始招聘自己的研发团队,寻找投资方,当有人质疑他时,他就把用户的反馈给投资方看:对不起,我们已经有几百万的准用户了。然后这个穷小子,就因为自己的一个想法而成了一名创业者,目前排名世界五百强第 444 位。

案例并不复杂,但是我们需要分析他成功的原因,当他面临有非常多不确定性因素的问题时,他是如何拆解问题并解决问题的呢?这里他运用了两个运营的工作理念(见图 2-6):

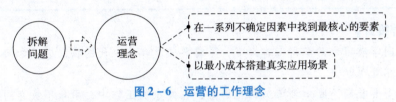

图 2-6 运营的工作理念

①在一系列不确定因素中找到最核心的要素;
②找到核心要素之后,以最小成本搭建一个真实应用场景,去验证用户是否会真的产生你所预期的行为。

Houston 仅仅是制作了一个视频,通过视频来试探用户们的需要和意愿,也就是说,我们可以通过搭建一个模拟的场景,来模拟真实情况的发生。

不知道同学们是否感觉到,很多时候,运营所做的事情,其实就是在做一个"局"——设计或假想出一个最终可以拉动很多人、一起参与、一起玩、一起学习的事情,并一步步让这个事情从假想到落地。而组"局"成功的关键,在于你要能够清楚界定"局"里各方的价值供给关系。并在其中穿针引线,找到核心要素,倾尽全力、想方设法地找到破解核心要素的突破口,从而逐步让各方之间的价值供给关系从最初的假想一点点变成事实。拆解问题的流程如图 2-7 所示。

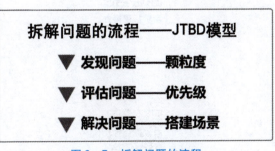

图 2-7 拆解问题的流程

这种意识不只适用于运营工作,也适用于我们生活中的方方面面。比如找工作、想跟某家公司建立合作关系,这些事情都需要找到问题的核心要素,然后找到突破点来打破局面。

好了，Dropbox 的故事延伸得差不多了，现在回到前文提到的 7 堂系列课程打包推广的案例，要在短短半个月内推进和完成这个项目，你会怎么做？

答案揭秘，我们可以给会员发这样一个海报，具体这样说：

> **示例　×××系列课程预报名开启**
>
> 我们觉得目前大家的学习存在不系统的问题，所以想要打包我们口碑最好的 7 门课程，制作成内容彼此关联的系列课。我们开启了系列课预报名通道，如果你感兴趣，可以先交 10 元完成预报名。1 月 5 日前，预报名人数超过 30 人，则我们会把这个系列课正式落地；预报名人数不足 30 人，则课程取消，之前您所交的 10 元会全额返还。

> **【素养提升】**
>
> 很多同学实习之后觉得工作太难，不得要领。年青一代的我们应该如何与这个庞杂的世界相处呢？
>
> 我们需要长期不断地训练结构化思维，在复杂的工作中，用永不放弃的毅力，去洞见事物的本源，通过创造价值来获得回报。
>
> 成长最好的道路，就是走正道，做正人。
>
> 守正笃实，久久为功。
>
> 孰能浊以止，静之徐清，
>
> 孰能安逸久，动之徐生；
>
> 保此道者不欲盈；
>
> 夫唯不盈，故能敝而新城。

【拓展小课堂】

扫描视频二维码，快来看看如何快速提升逻辑力吧！

【素质】逻辑力

4. 项目策划

1.2.6　企业实战演练 –
2. 制作简历，参加阿里巴巴
跨境电商实战班双选会

项目策划书

项目二　运营的底层逻辑				
项目名称	制作简历，参加阿里巴巴跨境电商实战班双选会				
项目目标	阿里巴巴跨境电商实战班第四届第二期即将举办，通过宣讲会，同学们在详细了解入驻企业及岗位的基础上，根据自身需求制作简历，并参加面试			
项目说明	阿里巴巴跨境电商实战班第四届第二期共招聘 40 名学员； 入驻企业包括丹东瑞卓、大连翰盈、丹东泰宏、丹东嘉奇、丹东开普特、丹东中意、辽宁蜜蜂、丹东图灵、众益网络、辽宁橙式等 10 家企业			
项目工具	Teambition	项目时间	175 分钟（包含课后）	
项目管理流程				
序号	任务名称	任务说明	负责人	KPI	时间
1	参观丹东新区电子商务中心	任课教师带领学生参观	课任老师		5 分钟
2	跨境电商实战班宣讲会	联合办公负责人主持会议	联合办公负责人		10 分钟
3	组建团队	根据 MBTI 测试结果分组	队长	1 分	5 分钟
4	小组破冰	自我介绍	队长	1 分	5 分钟
5	制作简历	根据岗位目标制作简历	成员	1 分	20 分钟
6	简历互评	团队小组互审简历	成员	1 分	10 分钟
7	参加面试	参加双选会	成员	1 分	90 分钟
8	企业点评	入驻企业负责人点评	企业负责人		10 分钟
9	公布录取名单	联合办公负责人公布名单	联合办公负责人	1 分	20 分钟
项目评审（5 分）				
企业点评（40%）				
教师互评（10%）				
小组互评（20%）				
小组自评（20%）				
自评（10%）				

5. 项目执行

打开网址进入虚拟仿真实训平台：http://xnfz.lnve.net:9003/#/projectDetails?courseid=882。

我们根据项目执行 Teambition 协同管理示意图（见图 2-8）进行项目执行，在项目执行过程中充分了解阿里巴巴电商学徒制人才培养路径（见图 2-9），了解阿里巴巴学徒制产教融合项目企业环境（见图2-10），掌握产品数字化运营虚拟仿真实训平台的操作（见图2-11）。

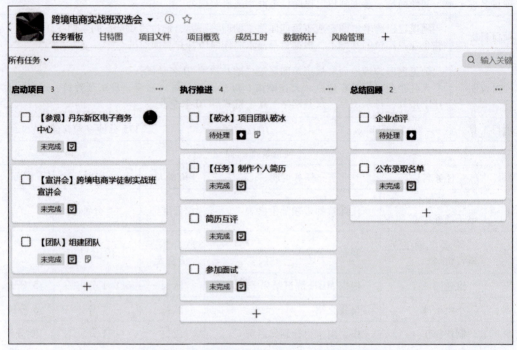

图2-8　项目执行Teambition协同管理示意图

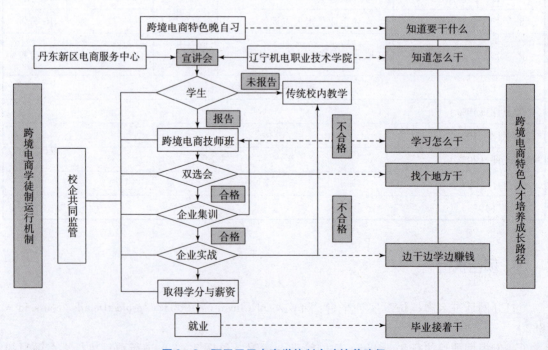

图2-9　阿里巴巴电商学徒制人才培养路径

项目二 运营的底层逻辑 27

图 2-10 阿里巴巴学徒制产教融合项目企业环境

图 2-11 产品数字化运营虚拟仿真实训平台

6. 项目监控

将运营的底层逻辑与项目监控紧密结合，可以确保运营活动既有明确的方向和目标，又能灵活应变，高效执行。通过项目监控确保执行过程中紧密围绕用户需求，同时利用数据反馈快速调整策略，有效管理风险和资源，从而在竞争激烈的市场环境中保持竞争优势，推动业务持续增长。

下面通过 Teambition 检查我们对运营的底层逻辑的完成情况。

(1)【单选题】企业通常如何获取有效的反馈？（　　）
A. 亲朋好友的反馈　　　　　　　　B. 自我反思
C. 后台数据分析　　　　　　　　　D. 产品评论
正确答案：C

(2)【判断题】互联网运营和传统的商品交易本质上是一样的，都是商品交易，因此其逻辑思维也是一样的。（　　）
正确答案：×

(3)【判断题】当我们完成一个想法构思，也做好了信息调查后，企业可以通过较低的成本验证自己的设想结果，得到验证后，才可以考虑投入更多的精力和资金成本扩大规模，获取高收益。（　　）
正确答案：√

(4)【判断题】当企业通过有效的反馈优化自己的工作之后，一个项目就结束了。（　　）
正确答案：×

(5)【多选题】互联网的做事思维——有效地做事闭环包括以下哪些环节？（　　）
A. 目标导向　　　　　　　　　　　B. 收集信息做调查
C. 精益执行　　　　　　　　　　　D. 得到有效反馈
E. 优化迭代
正确答案：ABCDE

7. 项目评审

序号	任务	作用
1	【任务】提交简历	成果展示
2	过程考核表	明确项目评分标准
3	企业评分标准	明确面试标准及考核点

过程考核表			
项目名称	制作简历，参加阿里巴巴跨境电商实战班双选会		
项目类别	面试任务	项目总分	10 分

项目二 运营的底层逻辑

续表

		项目评分标准	
序号	任务名称	任务要求	项目得分
1	组建团队	根据 MBTI 结果组建团队	1 分
2	小组破冰	参与破冰活动	1 分
3	制作简历	完成简历制作	1 分
4	简历互评	提出意见,每条意见 1 分	1 分
5	参加面试	投递简历	3 分
6	获得录用通知书	企业发放录用通知书,入驻企业	3 分
项目评分得分(10 分)			
企业录取(40%)			
教师点评(10%)			
小组互评(20%)			
小组自评(20%)			
自评(10%)			

	企业面试评分标准	
序号	评分标准	得分
1	工作中所需要的技能和知识	
2	创造力、适应力、新见解、反应力	
3	团队中的协作能力	
4	主观能动性	
5	保持高效水平、抗压性	
6	对于新环境的适应能力	
7	视变化为进步机遇,积极挑战现状	
面试得分		

8. 项目拓展

扫描二维码领取拓展资源

1.2　2024 年全球网文应用营销洞察报告

项目三

运营的核心技能

项目结构

任务3.1　对新鲜事物的高敏感度
任务3.2　对用户的洞察力
任务3.3　更有打动力和说服力的表达
任务3.4　流程化的思维模式

任务目标

素质目标	1. 对企业和职业有责任心
	2. 具备职业道德意识
	3. 传承商科文化中的雷锋精神
知识目标	1. 对新鲜事物保持高敏感度
	2. 对用户具有洞察力
	3. 有打动力和说服力的表达
	4. 掌握流程化的思维模式
能力目标	1. 明确企业宣传片的制作流程
	2. 明确视频脚本的基本构成
	3. 具备基本的视频制作能力
	4. 具备视频制作的审美能力和流畅的表达能力

项目三 运营的核心技能 31

1. 项目导入

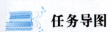**任务导图**

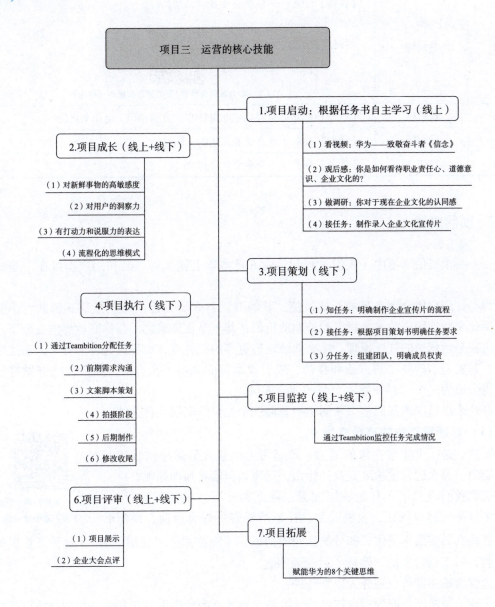

2. 项目启动

序号	任务	内容
1	看视频	【视频】华为——致敬奋斗者《信念》① 扫码观看视频： 1.3.1　华为致敬奋斗者｜员工故事微电影《信念》
2	观后感	【讨论】你是如何看待职业责任心、道德意识、企业文化的？
3	做调研	【问卷】你对于现在企业文化的认同感
4	接任务	【任务】制作录入企业文化宣传片

3. 项目成长

在上一项目的学习中，我们了解到运营人员本质上就是将产品和用户连接在一起的那个人。

为了让用户体会到产品的长期价值，就需要运营人员创造出一些短期刺激的、小的价值，借此来撬动用户的参与意愿和长期的价值，甚至是在体验之后帮你满世界地去分享、宣传。这就是运营中的杠杆原理。那么熟练掌握更多的杠杆点，就显得尤为重要了，而这些杠杆点，其实是一些外在的方法和技巧，或者说运营的底层工作方法。如果你能够做好这几点，将会成为一个"存在感"更强的运营人员。

在这个项目中，我们将带领同学们掌握三个运营的底层工作方法。

(1) 对新鲜事物的高敏感度

敏感度是一个非常抽象的能力，却是每个运营人员都应该具备的一项能力。那么运营敏感度究竟是什么，又该如何培养和训练呢？

前面我们说到了运营的底层能力，就是那种下意识的行动反射，且这个行动对解决问题、改善关系、让事情变得更好有帮助。换句话说，那些真的变成你身体一部分的认知或知识，才能被称作"底层能力"。这种下意识的行动反射，对于运营来说，就是"运营敏感度"。

1.3.2　运营的核心技能-1新鲜事物敏感度

运营的敏感度可以划分为以下几种：

①商业敏感度：即深刻理解经营的本质，快速准确地做出商业判断，实现业绩增长的综合素质。

②内容敏感度：可以简单理解为对内容本身的识别度；具体内容所在环境（场景）内

---

① 小文武．华为——致敬奋斗者｜员工故事微电影《信念》［DB/OL］．https：//www.bilibili.com/video/BV1B4411t78g/?spm_id_from=333.337.search-card.all.click&vd_source=d3051e523089f42bc10924 029c79d71d．

的判断力；对内容产生影响的把控力。

③用户敏感度：是指潜意识地能够以用户为导向，能够准确判断、理解用户行为，精准把握用户需求。

④数据敏感度：包括定义和判断数据；发现数据异常的能力；建立数据与业务之间的联系，并且能通过数字和业务正向或反向地识别出数据背后的业务含义、问题和原因。

⑤热点敏感度：即热点的获取、反应、判断和借力能力，也就是对热点的把握快、稳、准。

简单来说，运营敏感度就是快速、准确且全面的判断力和学习力，其本质是在我们的思想意识层面发挥作用。但是当我们的思想表现出钝化时，核心原因有四个层面：

第一，不愿想——思维惰性：习惯性的、固有的且舒适的思维模式，深度思考本身就是一个烧脑且有悖大脑舒适度的过程。因此，很多人都停留在惯性思考上，存在惰性思维。

第二，想不起来——思维惯性：在缺乏结构和系统化的思维模式下，思考都是单点或线性的方式。想到什么是什么，因此经常性遗忘或者思考不全面。

第三，想不到——思维认知局限：敏感度也需要有一个积累的过程，受到思维和认知的局限。思维能力和认知则需要通过刻意的训练、经验的积累、视野的拓展来提升。

第四，想当然——自我认知标准低：沉浸在自我主观标准中，比如面对某项任务，同样是90分的判断，在大众眼中或者合理的角度可能就只有60分，而高标准的意识中的60分，可能就是大家眼中的90分。

很多同学觉得，运营敏感度是一种天赋，也有一部分人是通过工作过程中的观察和学习，比如有较强的学习意识和驱动力，在潜意识中形成结构和系统的思维习惯；但其实我们完全可以通过运营学习、实践探索，通过总结复盘和思考，来刻意地训练获得敏感度的积累与强化。

那么，培养运营敏感度，我们需要做到以下四点：

①改变之前固化的思考方式和习惯，突破思维舒适区，建立系统化的思维方式，逐步养成科学的或者有效率的思维习惯。

②改变一些认知想法。避免佛系态度，提升自己的责任心和驱动力。

③不断实践，思考总结，通过训练形成积累。

④持续学习，不是被动浅层次学习，而是主动深入式学习，拓宽视野和知识面，这样你的敏感度也会随着你的认知提升而提升。

【素养提升】

岁不寒，无以知松柏，事不难，无以知君子

一个好的运营人员需要具备"快速、准确且全面的判断力和学习力"，这个能力应该伴随同学们的整个职业生涯，保持对未知事物的高敏感度和好奇心，这样才能促使你不断学习、与时俱进，获得不会被时代所淘汰的核心竞争力，勇立时代潮头。

(2) 对用户的洞察力

运营人员在什么情况下需要同理心和洞察力？

当用户反馈意见和吐槽时,看到用户评价,产品运营是否能够理解用户想法?

当看到功能上线后的数据,产品运营是否能够通过这些数据来了解指标变化背后的原因?

当老板只提出了一句话需求时,项目经理是否能够明白产品现状和老板的预期目标?

1.3.3 运营的核心技能-2. 用户洞察力

诸如此类,通过看到人们的表象行动而察觉到其内心感受以及行为动机,甚至发现用户更为细致的需求,都需要用到同理心和洞察力。这两个能力是运营人员能够分析需求的前提。我们经常说:营销的起点是需求。可问题是我们如何找到用户的需求呢?有同学说,可以问问用户的想法,也可以做市场调研。

有人问乔布斯:"是不是通过市场调查了解大众需求,才能让产品如此成功?"乔布斯回答:"不用做调查,消费者并不知道他们需要的是什么,而苹果会告诉他们什么才是潮流!"

福特汽车创始人也曾说过:"如果当初我去问顾客到底想要什么,他们会回答说要一匹跑得更快的马。"

在实际工作中,消费者往往不能准确地表达或者不知道如何表达自己想要什么。作为运营人员,就需要通过一些探索方法,在消费者细小的行为中洞察出其真实的需求,然后提出创新的解决办法或者指导我们的工作。那么最核心的问题就是:我们如何能够洞察用户的需求呢?

有一种方法非常适合运营初学者,就是:切换用户的身份,聚焦用户的场景,挖掘用户的需求,重新定义产品、服务或者项目。这样表述有一点抽象,我们先来看一个案例:

案例 水杯的需求挖掘

公司想要做一个能够给用户补充水分的容器,也就是一个水杯。同学们思考一下,我们可以做些什么让杯子更好卖呢?水杯需求挖掘思路如图3-1所示。

图3-1 水杯需求挖掘思路

很多同学可能会想到做得漂亮一点、价格低一点、多推广一下等比较传统的方法。但是这些方法看起来太过简单且没什么效果。我们都知道营销的起点是需求，但是喝水这个需求太过模糊了，我们没办法精准定义。因此，我们需要描述一个完整、精准的场景，在这个场景下我们需要喝水。

比如这个场景可以设在健身房。热爱健身的人群，每天都需要喝掉大量的水，他们对于喝水一定会有一些不一样的需求。同学们可以想象一下，当你每天都在健身房挥洒汗水、急需补水时，你需要一个什么样的杯子呢？也许你已经有了一些想法。

第一，它要够大！相较于传统水杯500毫升，可以设置为1.5升、2.2升、3.78升三个容量，覆盖男女人群。

第二，要标注饮水的刻度，可以清晰明了地告诉使用者，每时每刻喝了多少水。

第三，健身人群喝水的同时需要补充糖分和维生素，杯口要够大，喝水的嘴要小，方便放水果进去和清洗杯子，又不至于喝水时因口太大而洒出来。

第四，水杯这么大，要方便拿取，因此需要有一个把手。

第五，根据人们对冷热水的需求，可设置三种不同的材质，适用于冷水、温水、开水。

第六，它要有个够时尚、够酷的名字。

这个时候，我们产品的形象愈加清晰明确了。于是网红健身杯——吨吨杯就诞生了，精准洞察用户的个性化需求，从用户角度解决产品体验问题。

最后我们再回到问题上来，我们想要挖掘用户需求最好、最简单的方法如图3-2所示。

第一步，把自己变成真实的用户，进行角色转换，从别人的感情出发，站在别人的角度看待问题，用同理心去连接用户的内心世界，用我们的创造力去连接产品的外部世界。

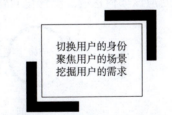

图3-2 挖掘用户需求的方法

第二步，将自己置身于真实的使用场景中，作为一名产品小白用户，去体验产品（温馨小贴士：这个时候，千万不要开启上帝视角）。因为对于运营人员来说，产品是100%；但是对于真正的使用者来说，产品只能占据他们生活的1%。

第三步，挖掘用户在这样的场景中，在什么样的环境中，在什么样的状态下使用产品，使用产品的过程中是什么样的心理和行为。

这时，你就能很快地挖掘到用户的需求了。

最后还是要点一下题：用户洞察力的关键不在方法，而在思维。思维是一种习惯，只要我们保持对生活的好奇心，以同理心的态度看待周围的事物，洞察生活中的一切细节，并长期坚持，这样我们的洞察力就一定不会差。

【素养提升】

子贡问曰：
"有一言而可以终身行之者乎？"
子曰：
"其恕乎！己所不欲，勿施于人。"
——《论语》

这里所说的恕，就是推己及人的同理心。孔子认为，如果一个人能站在他人立场设身处地思考问题，那么他就走上了"仁"的道路，而这恰恰是同理心意识的精髓所在，同学们切忌背弃忠恕之道，一味专营，而卵覆鸟飞，得不偿失。

(3) 拆解问题——如何将复杂问题拆解的逻辑

流程，对于运营人员来说，是至关重要的一个名词。无论在采取什么运营行动之前，都需要花时间梳理流程，以确保后续工作有序进行。好的流程，能够提升工作效率，带来不一样的效果。那么，问题在于，面对复杂的问题，我们要如何梳理问题、拆解流程？

1.3.4 运营的核心技能-3. 拆解问题

在同学们找工作时，经常有同学会问，企业面试的时候会不会问专业知识？其实，对于应届高职毕业生而言，企业更在乎同学们的发展潜力，而所谓的潜力更多的就是思维逻辑。因此，HR面试时经常会问关于策划、流程的问题。比如："如果让你做一个幼儿阅读启蒙项目的负责人，推广一次线下活动，你需要完成哪些工作？"

很多同学在回答这一问题时会说发传单、拉粉丝、搞促销等。但这道题本质上是在考核同学们的项目流程管理意识，即SOP（标准操作程序）。接下来，我们一起来分析一下这个项目应该如何达成。流程化问题拆解方案如图3-3所示。

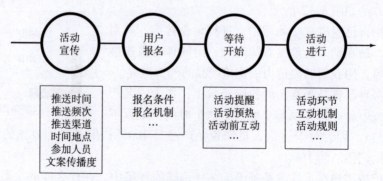

图3-3 流程化问题拆解方案

首先，我们可以根据项目执行的时间顺序，简单将项目拆分成四个任务：活动宣传、用户报名、等待活动开始、活动进行。在每一个任务中，我们还需要考虑很多细节。

比如活动宣传前，我们要明确宣传推广的文案、推送时间、频次、渠道、活动举办的时间、地点、参加活动的嘉宾等各种问题。

在用户报名环节，我们要明确报名机制、流程、条件等。

在等待活动开始时，我们需要预热活动、与用户进行互动，比如做一个非常高规格的邀请函，让他们愿意转发到朋友圈。

在活动进行的环节，我们可以考虑与用户的互动、现场活动的规则、道具、设备、人员分配等工作。

这时，这个项目看起来是不是就比较清晰了呢？

其实并不是同学们做不到，而是我们思考问题的基本方法有问题，所以，当我们拿到一个具体问题之后，一定要遵循如图3-4所示的3个步骤来思考和解决问题。

下面以本门课程为例来进行介绍。

每一次课程为一个相对独立的项目，采用经典的项目管理流程推进课程。《互联网运营》项目管理流程示意图如图3-5所示。

流程化思维的步骤

▼ 界定清楚我想要的目标和结果

▼ 梳理清楚这个问题从起始到结束的全流程是怎样的，需要经历哪些主要的环节

▼ 在每一个环节，我们可以做什么事情，给用户创造一些不同的体验，以有助于我们最终达成期望实现的结果

图3-4 流程化思维的步骤

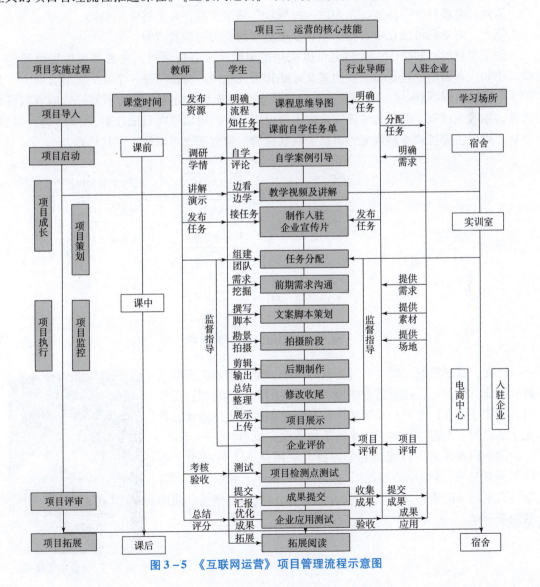

图3-5 《互联网运营》项目管理流程示意图

以本门课程项目三运营核心技能为例,要求同学们为入驻企业制作宣传片。

第一,在项目导入环节,教师与行业导师沟通明确项目内容,行业导师给入驻企业分配任务,同学们根据教师发布的思维导图明确教学流程,根据自学任务单明确任务基本信息。

第二,在项目启动环节,同学们课前自学案例引导,并完成调研问卷与讨论,教师根据调研与讨论,明确学情,调整课程内容。

第三,在项目成长环节,同学们带着任务完成知识点学习,教师讲解并检验核心要点。

第四,在项目策划环节,同学们根据项目策划书,明确项目目标、情况说明、项目工具、时间及项目管理流程 SOP 即子任务及监控指标。

第五,在项目执行与监控环节,环节教师与行业导师监督指导同学们完成整个宣传片的制作,入驻企业为项目提供需求及素材。

制作宣传片的流程包括前期需求沟通、文案脚本策划、拍摄、后期制作、修改收尾、项目展示、企业点评。教师根据项目检测点测试验收项目完成情况。

第六,在项目评审环节,企业进入视频效果测试阶段,并最终应用成果。

第七,同学们可以在项目拓展中,获取更多的相关知识及资源。

除了项目的时间顺序,我们也可以按照逻辑顺序来分析项目,尤其是发散思维类的工作。比如,在做职业规划时,我们怎么才能知道互联网运营是不是一个好的发展方向呢?如图 3-6 结构化问题拆解方案所示,逻辑上将这个问题简单分为:好与不好;然后罗列好的因素,如收入可观。那怎么才能知道收入情况呢?我们可以横向对比起薪、一年薪资、三年薪资,可以去哪里调查薪资呢?可以去智联招聘、前程无忧等网站上寻找信息。

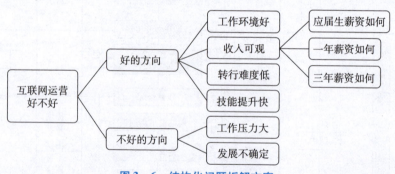

图 3-6　结构化问题拆解方案

因此,拆解问题,找到关键要素的核心,是先想解决方案的路径而非具体点子,这便是策略思考。当我们学会拆解项目流程时,才能够快速、全面、准确地分析挖掘出项目的工作步骤,在规定的时间、范围、成本下,高质量地落地完成项目。

同学们在课后可以阅读和学习被互联网从业人员奉为"圣经"的教科书:《金字塔原理》,如图 3-7 所示。在这里,你将学会自上而下的表达、自下而上的思考,纵向的总结概括、横向的归类分组。

图 3-7　《金字塔原理》

【拓展小课堂】
　　虽然互联网运营是一份非常有发展空间的职业，未来充满了无限的可能，但同时也意味着高强度的压力，因此在变化无常的互联网市场中，具备抗压力也是互联网运营人员的必修课。同学们快扫描二维码，看看如何提升自己的抗压力吧。

【素质】抗压力

1.3.5　企业实战演练-
4.制作入驻企业文化宣传片

4. 项目策划

项目策划书

项目三　运营的核心技能					
项目名称	制作入驻企业宣传片				
项目目标	根据入驻企业的需求，制作企业/产品/人员/文化等任何角度的一期宣传片				
项目说明	企业宣传片为视频格式，时长不少于1分钟； 可以宣传企业的文化、产品、人员、活动等任何角度； 团队为入驻企业的学员				
项目工具	Teambition		项目时间	160分钟（包含课后）	
项目管理流程					
序号	任务名称	任务说明	负责人	KPI	时间
1	任务分配	组建团队，明确团队成员责任分工	队长	1分	10分钟
2	前期需求沟通	企业需求、使用场景、预算费用、拍摄场地、成片时长、风格、内容、制作工期	队长	1分	20分钟
3	文案脚本策划	制作脚本、确定拍摄计划	成员	1分	20分钟
4	拍摄阶段	现场勘景、收集素材、拍摄	成员	1分	30分钟
5	后期制作	配音、特效、剪辑、输出	成员	1分	30分钟
6	修改收尾	工作总结、复盘、资料整理	成员	1分	20分钟
7	项目展示	展示、讲解、上传	成员	1分	20分钟
8	企业评价	联合办公月度大会评审	企业负责人		10分钟
项目评审（10分）					
企业点评（40%）					
教师互评（10%）					
小组互评（20%）					
小组自评（20%）					
自评（10%）					

5. 项目执行

打开网址进入虚拟仿真实训平台：http://xnfz.lnve.net:9003/#/projectDetails?courseid=882。

（1）Teambition 流程图（见图 3-8）

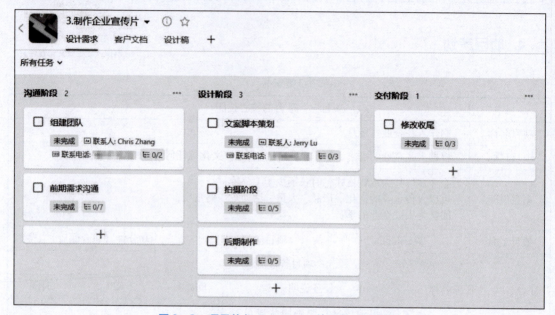

图 3-8　项目执行 Teambition 协同管理示意图

（2）子任务示意图（见图 3-9）

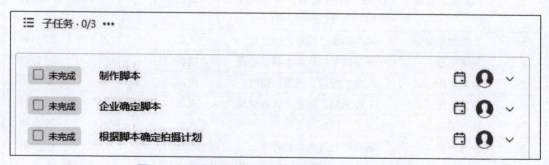

图 3-9　项目执行 Teambition 协同管理子任务示意图

项目三　运营的核心技能　41

（3）任务附件——脚本示意图（见图 3－10）

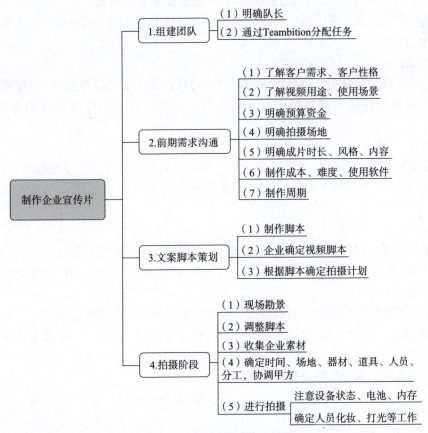

图 3－10　项目执行脚本格式示意图

（4）完成视频制作（见图 3－11）

制作企业宣传片
- 1.组建团队
  - （1）明确队长
  - （2）通过Teambition分配任务
- 2.前期需求沟通
  - （1）了解客户需求、客户性格
  - （2）了解视频用途、使用场景
  - （3）明确预算资金
  - （4）明确拍摄场地
  - （5）明确成片时长、风格、内容
  - （6）制作成本、难度、使用软件
  - （7）制作周期
- 3.文案脚本策划
  - （1）制作脚本
  - （2）企业确定视频脚本
  - （3）根据脚本确定拍摄计划
- 4.拍摄阶段
  - （1）现场勘景
  - （2）调整脚本
  - （3）收集企业素材
  - （4）确定时间、场地、器材、道具、人员、分工，协调甲方
  - （5）进行拍摄　注意设备状态、电池、内存
　　　　　　　　　确定人员化妆、打光等工作

图 3－11　企业宣传片制作流程

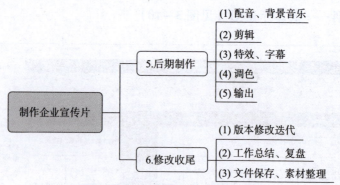

图 3-11　企业宣传片制作流程（续）

6. 项目监控

通过项目监控，我们可以发现，优秀的运营人员需要具备全面的项目管理能力、团队协作能力、数据运营能力和用户运营能力，同时还需要掌握有效的项目监控方法和工具，以确保项目的顺利进行和持续改进。通过 Teambition 监控任务完成情况。

（1）【判断题】做互联网运营，只需要把自己的技术提升起来就可以了，无须关注时事政治。（　　）

正确答案：×

（2）【判断题】在对用户进行观察和调研的时候，要注意"霍桑效应"，即当人们在意识到自己正在被关注或者观察的时候，会刻意去改变一些行为或者是言语表达的效应。（　　）

正确答案：√

（3）【判断题】在进行用户需求分析时，可以使用工单分析，工单是指用户反馈建议、问题的一种方式，工单分析是 B 端产品的基础，是了解用户需求和场景的基本渠道。（　　）

正确答案：√

（4）【多选题】对用户的需求进行调研时，可以使用哪些定性分析法？（　　）
A. 用户访谈法　　　B. 观测法　　　C. 追踪法　　　D. 参照竞品分析法
正确答案：ABCD

（5）【多选题】在用户需求洞察方面，需要挖掘的两个需求维度包括（　　）。
A. 用户需求　　　B. 市场需求　　　C. 产品需求　　　D. 竞争需求
正确答案：AC

（6）【多选题】演绎推理的流程包括（　　）。
A. 问题　　　B. 原因　　　C. 措施　　　D. 方案
正确答案：ABCD

7. 项目评审

过程考核表				
项目名称	制作企业宣传片			
项目类别	短视频项目		项目总分	10 分
项目评分标准				
序号	任务名称	任务要求		项目得分
1	任务分配	组建团队，明确团队成员责任分工		1 分
2	前期需求沟通	企业需求、使用场景、预算费用、拍摄场地、成片时长、风格、内容、制作工期		1 分
3	文案脚本策划	制作脚本、确定拍摄计划		2 分
4	拍摄阶段	现场勘景、收集素材、拍摄		1 分
5	后期制作	配音、特效、剪辑、输出		1 分
6	修改收尾	工作总结、复盘、资料整理		1 分
7	项目展示	展示、讲解、上传		1 分
8	企业需求	展示企业文化、职业素养、道德操守		2 分
项目评分得分（10 分）				
企业录取（40%）				
教师点评（10%）				
小组互评（20%）				
小组自评（20%）				
自评（10%）				

8. 项目拓展

扫描二维码领取拓展资源

1.3　夏日 wonderland 大人小暑假营销通案【互联网】【通案】

模块二　产品运营

项目四

什么是产品运营

项目结构

任务 4.1　什么是产品运营
任务 4.2　产品运营工作的内容与目标
任务 4.3　产品运营能力框架

任务目标

素质目标	1. 具备社会责任感
	2. 弘扬学生中华优秀传统文化中正确的义利观
	3. 培养家国情怀中的时代精神
	4. 具备经世济民的职业精神
知识目标	1. 能够绘制 APP 生态图谱
	2. 能够进行层次分析
	3. 能够根据 APP 功能区分产品形态
	4. 明确产品运营工作职责
能力目标	1. 能够根据产品成果复原设计思路
	2. 能够根据项目要求，分配成员权责及考核指标
	3. 通过层次分析法选择渠道权重分配方案

1. 项目导入

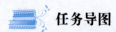 **任务导图**

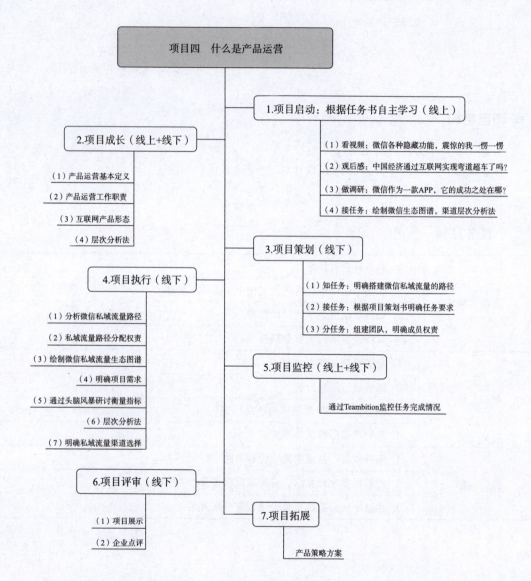

2. 项目启动

序号	任务	内容
1	看视频	【视频】微信各种隐藏功能，震惊的我一愣一愣① 扫码观看视频： 2.1.1 微信各种隐藏功能，震惊的我一愣一愣
2	观后感	【讨论】中国经济通过互联网实现弯道超车了吗？ 同学们，你们感受到近几年中国经济的崛起、大国自信的增强了吗？ 你觉得都有哪些因素促进实现了中华民族之崛起？ 在这背后，"互联网+"、5G、人工智能扮演了哪些角色？ 说说你的想法吧
3	做调研	【问卷】微信作为一款APP，它的成功之处在哪？
4	接任务	【任务】绘制微信生态图谱，进行渠道层次分析

3. 项目成长

在学习技能之前，细心的同学会发现后面的课程只介绍了三个运营岗位，包括产品运营、内容运营、用户运营，可是最开始讲了有8种运营岗位，为什么只讲这三个呢？下面我们来看一下互联网运营的岗位逻辑。

以某公司微信公众号的运营全链条为例，至少需要以下三个步骤：
①先由产品运营注册一个微信公众号，并完成引导栏的基本设置。
②内容运营在公众号上填充内容，比如文章、图片或视频。
③用户运营获取更多的用户来关注这个微信公众号。

这样一个基本的公众号就搭建完成了。在三大岗位的基础上，随着业务的拓展，可以引申出其他岗位，比如，在内容运营的基础上，可以在抖音、微博上推广公众号，即新媒体运营；可以在微信视频号上直播，即直播运营。此外，我们也需要一些辅助岗位完成具体的工作，如美工、摄影、文案编辑、视频剪辑等。在用户运营的基础上，需要做一些线下线上的活动，或者组建一些微信群，来激活用户，与用户进行互动，客户有疑问或者需要维系时，则需要通过客服来做。同时，所有的岗位背后，都需要数据运营的分析与研究。

这时，我们发现，互联网运营岗位虽然各种各样，但本质上都是在产品、内容和用户的基础上延伸出来的，如图4-1所示。

在这三个概念中，我们先来了解一切互联网运营的起点"产品运营"。第一个问题，什么是产品运营，产品运营认知模块如图4-2所示。

---

① 苏星河. 微信各种隐藏功能，震惊的我一愣一愣 [DB/OL]. https://www.bilibili.com/video/BV1UK411N7aW/?spm_id_from=333.337.search-card.all.click&vd_source=d3051e523089f42bc10924029c79d71d.

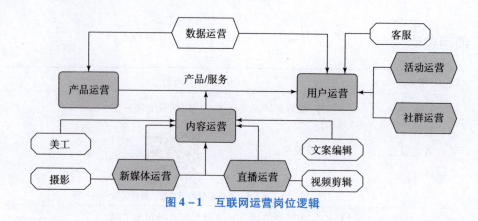

图4-1 互联网运营岗位逻辑

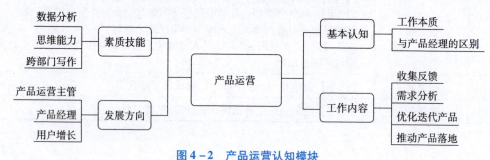

图4-2 产品运营认知模块

下面将从以下四个方向来介绍产品运营：

第一，帮助同学们快速建立起对产品运营的基本认知；

第二，结合具体的招聘信息介绍岗位会接触到的工作内容；

第三，介绍这个岗位需要具备哪些素质和能力；

第四，介绍这个岗位的后续发展方向有哪些。

（1）产品运营基本定义

首先简单介绍一下产品运营，我们可以把这个岗位粗略地理解为以产品为中心展开工作。换句话说，一切能够促进产品优化的工作，都可以称为产品运营。可能有些人会问，那么产品运营和产品经理的岗位有什么不同呢？他们是不是同一个岗位？其实不是的，二者的不同总有很多，具体如图4-3所示。

2.1.2 什么是产品运营

图4-3 产品运营与产品经理的区别

产品经理会把更多的时间和精力放在对产品的整体把控上。比如开发新产品，对现有产品拓展一个新功能，从宏观的角度去把控产品工作。

产品运营则会把更多的精力放在执行层面。比如通过和用户沟通来收集反馈信息，通过一些小的修改把漏洞（Bug）去除，从微观的层面去推进产品的优化迭代。

整体而言，二者都是通过和产品打交道来完成工作的。但是产品经理的工作能力和工作要求普遍比产品运营要高很多。

（2）产品运营的工作内容

产品运营的主要工作内容其实可以分成四点：收集反馈、分析需求、优化产品和推动产品落地。

①收集反馈：你需要跟用户保持联系，不断获取他们的使用反馈，得知他们对产品的需求。比如用户吐槽 APP 某个按钮特别小，每次都会误点到其他地方，某个功能看起来很多余，自己从来没有用过，等等，类似于这样的用户反馈，产品运营需要不断地收集，为后面优化和拓展产品提供可靠依据。

②分析需求：用户的吐槽往往代表着产品背后隐藏的需求，产品运营需要挖掘用户需求。当然，你不能把所有的需求一股脑儿都告诉产品经理，让其按要求迭代。比如在淘宝旺旺的对话中，会显示自己的信息"已读"或"未读"的标志，但是微信中却没有类似的功能，如图4-4所示。同学们可以思考一下，为什么微信没有添加"已读"功能呢？

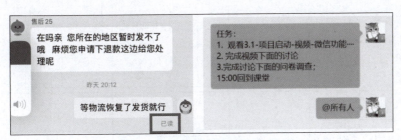

图4-4 淘宝旺旺与微信聊天的对比

③优化产品：当你收集到足够的用户反馈，并且分析出他们的需求，就可以开始根据你所获得的信息做产品的优化迭代了。比如，微信为了让社交更加多元化和垂直，增加了直播和视频号两个功能，不断提出产品改进建议，提升用户留存，及时发现产品的问题，对产品和相关业务流程的设计和关键节点进行优化。

④推动产品落地：就是与产品、业务、技术等部门协同，推动产品项目和运营策略落地，让最终的想法变成一个产品。也就是从0到1，创造一个产品，把控落地节奏和进度，制定产品的运营规划，推动落地实施等。

但是主导整个产品开发工作的一般是产品经理，而产品运营大部分是扮演成一个辅助角色。

（3）产品运营的素质和能力

一名合格的产品运营应该具备怎样的素质和能力呢？关于这一部分，下面总结了三点必要的能力要求。

第一点，产品运营要对数据敏感。

产品运营在实际的工作中需要观察所有跟产品相关的数据，比如网站的首次访问情况、页面跳出率、各个功能的使用情况、用户的行为路径等。这些数据都体现了用户的行为习惯、喜好以及产品做得如何。数据分析结果也是产品优化的方向依据。对于产品运营来说，数据分析是一项非常基本的能力。

第二点，产品运营需要具备严谨的逻辑思维能力。

一个产品是由不同功能、多个按钮和不同页面组成的，那么如何把这些零件组合在一起呢？这就非常考验逻辑思维能力了。比如图4-5展示了在淘宝中，当用户需要申请退货时，产品运营需要构建一个清晰的路径，从而让用户顺利地寻找到"退货"功能。

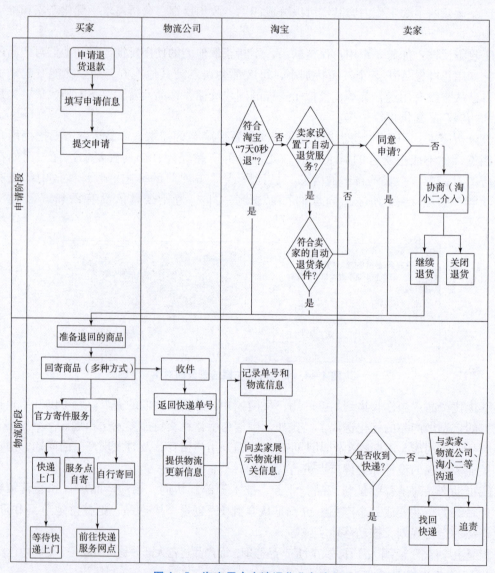

图4-5 淘宝用户申请退货业务流程

第三点，产品运营要具备跨部门协作能力。

从本质上来说，产品运营是一个运营岗位，但是这个岗位又和产品有着千丝万缕的联系，所以跨部门沟通和工作是非常普遍的。比如跟进产品进度，协调用户技术和产品部门的工作,而跨部门协作背后对应的则是沟通能力以及对项目的掌控能力。既要和不同部门的同事协调沟通,又要不停地掌握进度,以赶上自己的工作计划。这一点非常考验一个产品运营的综合素质。

图4-6是腾讯对产品运营在不同P等级下的能力要求模型,可以看出产品运营的能力要求是非常综合且多元的。

能力框架		能力项目	P1			P2			P3			P4			P5		
			1.1	1.2	1.3	2.1	2.2	2.3	3.1	3.2	3.3	4.1	4.2	4.3	5.1	5.2	5.3
通用能力	1	学习能力(基本素质)	1	2	3	4	4	4	5	5	5	5	5	5	5	5	5
	2	执行力(基本素质)	1	2	3	3	4	4	4	5	5	5	5	5	5	5	5
	3	沟通能力(基本素质)	1	2	2	3	3	3	4	4	5	5	5	5	5	5	5
专业知识	4	技术知识(关联知识)	0	1	1	2	2	2	3	3	3	3	4	4	4	4	4
	5	项目管理(关联知识)	0	1	1	2	2	3	3	3	3	4	4	4	5	5	5
	6	其他知识:教育、教育培训、财务、心理学、美学、办公技能等(关联知识)	0	1	1	2	2	2	3	3	3	4	4	4	5	5	5
专业技能	7	产品规划:版本计划/节奏(产品能力)	0	1	1	2	2	2	3	3	4	4	4	5	5	5	5
	8	专业设计能力(产品能力)	1	1	1	2	2	3	3	3	3	4	4	4	5	5	5
	9	市场分析能力(产品能力)	0	0	1	1	2	2	2	3	3	3	4	4	5	5	5
	10	对外商务沟通(市场能力)	0	0	0	0	0	0	1	1	2	3	3	3	4	4	5
	11	运营数据分析(运营能力)	0	0	1	1	1	2	2	2	3	3	4	4	5	5	5
	12	市场营销:品牌、公关、推广(运营能力)	0	0	0	1	1	1	2	2	2	3	3	3	4	4	5
	13	渠道管理(运营能力)	0	0	0	0	1	1	2	2	3	3	3	3	4	4	4
	14	市场、用户的调研与分析(客户导向)	1	1	2	3	3	3	4	4	4	5	5	5	5	5	5
组织影响力	15	方法论建设(领导力)	0	0	1	1	1	2	2	2	3	3	3	4	5	5	5
	16	知识传承(领导力)	0	0	1	1	2	2	2	2	3	3	3	4	4	5	5
	17	人才培养(领导力)	0	0	0	1	1	2	2	2	3	3	3	4	4	5	5

图4-6 腾讯P系列岗位能力要求

(4) 产品运营的后期发展方向

谈到岗位选择,自然避不开发展前景问题。很多人以为产品运营最终的发展方向就是产品经理。其实不然,这只是其中一个发展方向,如图4-7所示。除此之外,还可以往其他运营方向发展,比如用户运营、活动运营等。如果你对管理有意向,还可以向产品运营总监方向发展。

图4-7 产品运营发展路径

下面具体说明这三个发展方向的特点:

第一个发展方向:产品经理。

产品经理的职责就是做好产品,一般来说,它需要完成以下工作:

①产品策划:规划产品的功能,什么时间做。
②需求文档:用户调查,以用户的反馈、客观的数据反馈作为制作产品的依据。
③和开发人员协调时间问题:多久,做什么。
④画产品图(需要掌握制图工具):在哪里,有什么功能、图片、按钮。

要做到这些事情,需要对各个岗位都有所了解。产品经理不仅需要画产品图,还要考虑到市场方面的工作,知道产品具备什么功能能促使用户去分享。还要考虑到运营方面的工作,知道产品具有哪些特性用户会喜欢用。因此产品经理除了要熟悉产品,还需要了解市场和运营方面的工作,这样才能跟各个岗位的人员协同把工作做好。因此企业对产品经理的能力要求较高,这也意味着优秀的产品经理,对企业来说是非常难得的人才。而产品运营和产品经理的很多工作内容是类似且交织在一起的,很多产品经理就是从产品运营转行的。

第二个发展方向:产品运营总监。

这是一个管理岗。也就是说,如果你想往产品运营总监方向发展,那就要注意横向拓展自己的知识储备。不仅要知道产品运营的工作,也要熟悉用户、活动、市场等不同的运营工作,并且具备管理能力。

第三个发展方向:其他运营。

做产品运营是可以向其他运营方向深耕的,比如活动运营、用户运营,因为它们都要求具有用户需求分析、市场分析、数据分析等能力。

这样来看,其实产品运营的发展方向有很多,每一个方向都要求你具备多方面的能力以及丰富的知识储备,你可以根据自己的意愿去选择。所以,快速的学习能力,对于一名运营人员而言,是内在的核心技能。

同学们不必过分地纠结于岗位的区分,而应该把注意力放在"岗位描述"上。不同公司对于同一个岗位的职能划分以及定义,多多少少都存在偏差。其原因在于,公司所处的行业、所经营的产品、赢利模式、规模等方面的差异,直接导致其对于同一个岗位的定位不同。

所以,你会经常看到不同的文章、机构,对于同一个岗位做出的解释不同,这些解释当中,又存在很多交叉重合的部分。公司越大,业务越复杂,出现"精细化分工"的可能性越大,也就意味着,每个岗位负责的工作内容,更加专精,更加细分,岗位的定义也更"聚焦"。反之,一些小规模的公司,经常会出现一个人身兼数职的情况。这时,一个岗位中承载的工作内容,就要宽泛得多,锻炼的能力也更多。明白了这一点,同学们就会知道,为什么运营总是会出现那么多不同的概念、定义。

这时,同学们需要理解的根本一点,不在于"岗位名称"本身,而是这个岗位在整个公司运作的链条当中,"扮演"什么角色,起到什么作用。

在运营岗位的求职过程中,同学们可将更多的目光放在具体的岗位职责和任职要求上——因为这些信息说明了你与岗位的匹配程度以及成功任职后的工作内容。至于岗位名称是用户运营还是产品运营,是渠道运营还是内容运营,其重要程度并没有具体的岗位描述高。

甚至你在工作一段时间之后,决心转行也是非常正常的选择,所以,同学们不要过分焦虑自己对岗位的选择是否一步到位。

【素养提升】

职场生涯并不总是一帆风顺的,常常是在一条道路上匍匐前行了很久,才发现方向走错了。很多同学会问:老师,读书的意义是什么呢?大学课程一考完试我就全忘了啊。

正如爱因斯坦所说:教育就是当一个人把在学校所学全部忘光之后剩下的东西!

项目四　什么是产品运营

你会记得你每一天吃过什么东西吗？你忘记了，但这些东西都成了你的养分，读书是这样，职场上的错误也是这样，它们都将成为你灵魂的养分，让你有更多的能量和勇气去面对这个世界！

最后推荐同学们阅读《跨越式成长》（见图4-8）。这本书有助于同学们转换思维，重塑你的工作和生活。

图4-8　《跨越式成长》

4. 项目策划

2.1.3　产品运营-层次分析法APH

项目策划书				
项目四　什么是产品运营				
项目名称	绘制微信生态图谱，通过层次分析法选择私域流量路径			
项目目标	通过分解微信的生态图谱，分析企业私域流量的路径都有哪些； 根据企业的诉求，制定私域流量的指标及权重； 根据流量路径指标及权重，使用层次分析法测算路径得分； 根据最终得分选择适合企业的私域流量路径			
项目说明	使用思维导图绘制微信私域流量的生态图谱； 团队需要根据企业诉求，明确流量搭建预算及目标			
项目工具	Teambition	项目时间	120分钟（包含课后）	
项目管理流程				
序号	任务名称及说明	负责人	KPI	时间
1	分析微信私域流量路径的种类及数量	队长	1分	10分钟
2	私域流量路径分配成员权责	队长	1分	10分钟
3	绘制微信私域流量生态图谱	全体成员	2分	20分钟
4	明确企业项目需求	成员A	1分	10分钟
5	头脑风暴研讨衡量指标	全体成员	1分	10分钟
6	使用层次分析法计算指标权重	成员BC	2分	20分钟
7	明确私域流量路径选择权重	成员BC	1分	10分钟
8	项目展示	成员D	2分	20分钟
9	企业点评	企业负责人		10分钟

续表

项目评审（10 分）	
企业点评（40%）	
教师互评（10%）	
小组互评（20%）	
小组自评（20%）	
自评（10%）	

【实操说明】层次分析法

你觉得自己是一名重度选择困难症患者吗？比如找工作，是去大公司还是小公司呢？去大公司吧，害怕变成螺丝钉，去小公司吧，担心风险大、成长不系统、公司不稳定、观念落后、福利少等问题，然后就陷入焦虑中，进入自我消耗的状态。

2.1.4 企业实战演练－
4. 通过层次分析法
选择私域流量

对于产品经理来说，问题就更多、更复杂了。比如，设计一款APP，应该把哪些"主题"放到首页；如果想销售一款产品，应使用哪个平台销售？是淘宝、天猫、京东、拼多多、唯品会，还是微信公众号里的小程序？下面，教同学们一个解决选择困难症的好方法：

层次分析法（Analytic Hierarchy Process，AHP），是 20 世纪 70 年代中期由美国运筹学家托马斯·塞蒂（T. L. Saaty）提出的。层次分析法是指将与决策有关的元素分解成目标、准则、方法等层次，主要用于将定性的问题进行定量化的分析决策。层次分析法的基本逻辑如图 4-9 所示。

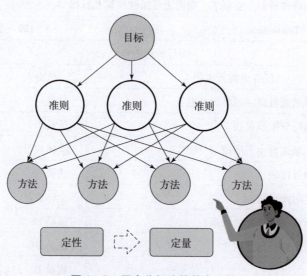

图 4-9 层次分析法的基本逻辑

层次分析法的具体流程分为五个步骤：提出问题、构建层次结构、构建判断矩阵、计算权重、得出结论，如图 4-10 所示。

图 4-10　层次分析法流程

(1) 提出问题

首先设置一个问题：比如公司推出一个新款口红，项目经理说公司预算有限，希望你从公众号、知乎、直播、小红书、传统的视频广告里选择 1~2 个适合的渠道进行前期的推广。那怎么才能科学地选出最佳答案呢？

设想一下，考核这些渠道好不好的指标有哪些？比如阅读量、导入量、传播分享转发量、购买量、点击率、购买率、转发率、复购率等。

(2) 构建层次结构

一般来说，层次结构有三层，如图 4-11 所示。

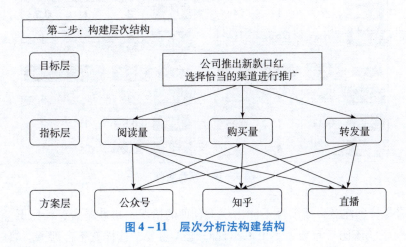

图 4-11　层次分析法构建结构

第一层是目标层，即要推广一个产品，应选择哪些渠道。

第二层是指标层，即选择渠道依据的衡量标准都有哪些。

第三层是方案层，即最终考虑推广的渠道都有哪些。

我们可以简化为三个方案，使用三个指标来衡量，最后决定选择哪个方案。

(3) 构建判断矩阵

在构建判断矩阵之前，需要对要素之间的重要性进行量化。比如，选择衡量的指标包括阅读量、购买量、转发量。你可能认为购买量比阅读量重要 3 倍，那么反过来，阅读量就是购买量重要性的 1/3。或者，你认为阅读量和转发量同样重要，那么指标就是 1。简单来说，就是比较一下两个指标哪个更重要，并且给重要程度打分，如图 4-12 所示。

A要素比B要素	量化值
同等重要	1
稍微重要	3
非常重要	5
极端重要	…
相反	倒数

图 4-12　要素量化值

接下来，在 Excel 里构建一个判断矩阵，将三个衡量指标罗列出来。

如图 4-13 所示，首先，每一个要素和自己相比，肯定是同等重要的，所以这三个位置都是 1（第一批标出来）。

	阅读量	购买量	转发量
阅读量	1	1/2	2
购买量	2	1	4
转发量	1/2	1/4	1

图 4-13 要素量化指标

接下来，对其他指标进行对比。如图 4-14 所示，比如将购买量和阅读量相比，一般认为购买量比较重要，毕竟最后是为了销售产品。那么我们认为购买量是阅读量重要性的 2 倍，填写 2（第二批标出来）。相反，阅读量就是购买量重要性的 1/2 了（第三批标出来）。接下来，我们认为购买量比转发量重要 4 倍，这里填写 4，反过来，填写 1/4（第四批标出来）。最后，是转发量和阅读量之间的对比，我们认为阅读量是转发量重要性的 2 倍（第五批标出来），这里填写 2，反之为 1/2。

	阅读量	购买量	转发量
阅读量	1	0.5	2
购买量	2	1	4
转发量	0.5	0.25	1

	公众号	知乎	直播
公众号	1	0.5	0.33
知乎	2	1	0.5
直播	3	2	1

购买量	公众号	知乎	直播
公众号	1	3	0.33
知乎	0.33	1	0.25
直播	3	4	1

转发量	公众号	知乎	直播
公众号	1	2	5
知乎	0.5	1	2
直播	0.2	0.5	1

图 4-14 判断矩阵

有一点需要特别注意，重要性不能出现不合理的情况，也就是说，A 比 B 重要，B 比 C 重要，那么 A 就应该比 C 重要，不可以出现 C 比 A 重要，这样就不合理了。然后以此类推，把购买量、转发量的矩阵填写好。现在我们就获得了 4 个矩阵。

（4）计算权重

接下来如图 4-15 所示，对每一列进行求和，使用的公式是：=SUM（B2：B4），然后我们计算每一个分数所占的权重。

	A	B	C	D	E	F	G	H
1		阅读量	购买量	转发量				权重
2	阅读量	1	0.5	2	0.29	0.29	0.29	0.29
3	购买量	2	1	4	0.57	0.57	0.57	0.57
4	转发量	0.5	0.25	1	0.14	0.14	0.14	0.14
5	求和	3.5	1.75	7				

=(E2+F2+G2)/3
=B2/B5
=SUM(B2:B4)

图 4-15 计算权重方法

以此类推，我们将阅读量、购买量、转发量的权重分别计算出来。
计算得出的四个矩阵的结果，如图 4-16 所示。

	A	B	C	D	E	F	G	H
1		阅读量	购买量	转发量				权重
2	阅读量	1	0.5	2	0.29	0.29	0.29	0.29
3	购买量	2	1	4	0.57	0.57	0.57	0.57
4	转发量	0.5	0.25	1	0.14	0.14	0.14	0.14
5	求和	3.5	1.75	7				

	A	B	C	D	E	F	G	H
1	阅读量	公众号	知乎	直播				权重
2	公众号	1	0.5	0.33	0.17	0.14	0.18	0.16
3	知乎	2	1	0.5	0.33	0.29	0.27	0.30
4	直播	3	2	1	0.50	0.57	0.55	0.54
5	求和	6	3.5	1.83				

	A	B	C	D	E	F	G	H
1	购买量	公众号	知乎	直播				权重
2	公众号	1	3	0.33	0.23	0.38	0.21	0.27
3	知乎	0.33	1	0.25	0.08	0.13	0.16	0.12
4	直播	3	4	1	0.69	0.50	0.63	0.61
5	求和	4.33	8	1.58				

	A	B	C	D	E	F	G	H
1	转发量	公众号	知乎	直播				权重
2	公众号	1	2	5	0.59	0.57	0.63	0.59
3	知乎	0.5	1	2	0.29	0.29	0.25	0.28
4	直播	0.2	0.5	1	0.12	0.14	0.13	0.13
5	求和	1.7	3.5	8				

图 4-16　计算权重

我们来看一下这个表格代表的含义，如图 4-17 所示。
左边一列，阅读量、购买量、转发量是我们衡量的指标。
第二列，表示这些指标代表的权重。
第三列，表示公众号这个渠道在阅读量这三个指标上的表现得分。

指标	指标权重	公众号	知乎	直播
阅读量	0.29	0.16	0.30	0.54
购买量	0.57	0.27	0.12	0.61
转发量	0.14	0.59	0.28	0.13

图 4-17　计算权重过程分析

比如，在公众号这个渠道，转发量是 0.59 分，得分最高，阅读量是 0.16，得分最低，后面以此类推。最终，我们得出了如图 4-18 所示的这个计算结果。
我们将上面的结果提取出来，最终得到如图 4-19 所示的结论。
上述内容表明：我们通过对阅读量、购买量、转发量这三个指标进行打分，得出结论：直播的效果最好，占比 52%；公众号其次，占比 29%；知乎效果最差，占比 19%。因此，如果我们选择两个渠道进行推广，应该首选直播，并考虑投入更多的资金和精力。其次是公众号，作为辅助，投入少量的资金和精力。

指标	权重	公众号	知乎	直播
阅读量	0.29	0.16	0.30	0.54
购买量	0.57	0.27	0.12	0.61
转发量	0.14	0.59	0.28	0.13
加权		0.05	0.08	0.15
		0.16	0.07	0.35
		0.08	0.04	0.02
求和		0.29	0.19	0.52

图 4－18　计算权重结果

公众号	知乎	直播
0.29	0.19	0.52

图 4－19　结论

最终，我们通过科学地打分，计算出一个相对合理的结论，不仅能够帮助我们更好地做出决策，也能够有效地说服公司领导或者客户接受我们提供的方案和建议。

【思考任务】

假设你收到了三家企业的 offer：沈阳运营岗位、江苏客服岗位、家乡销售岗位，请从地点、薪资、发展前景三个角度进行分析，并做出最佳选择吧。

5. 项目执行

打开网址进入虚拟仿真实训平台：http：//xnfz.lnve.net:9003/#/projectDetails？courseid＝882。

Teambition 项目流程示意图，如图 4－20 所示。

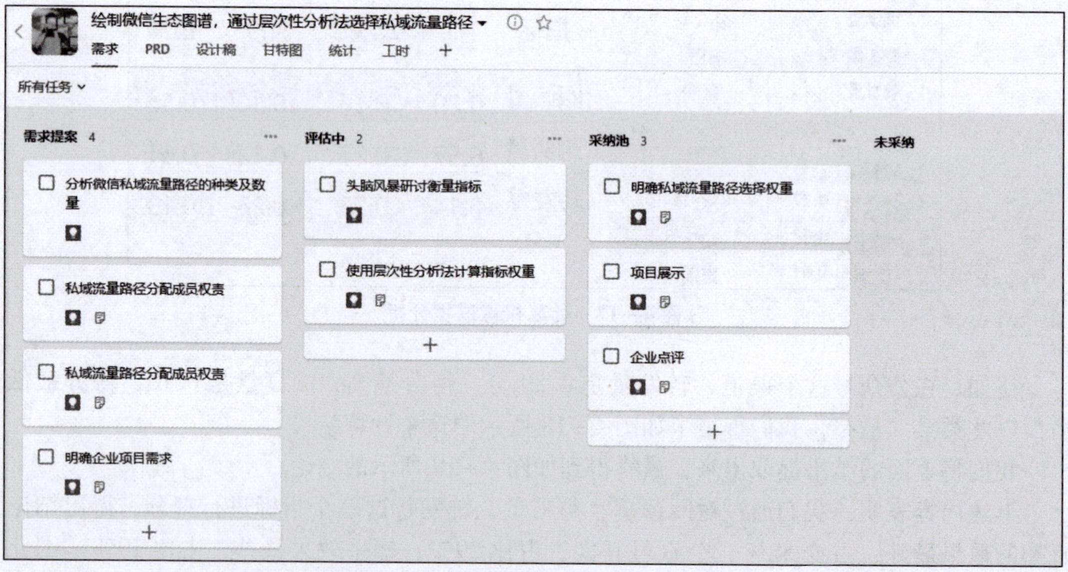

图 4－20　Teambition 项目流程示意图

6. 项目监控

通过项目监控，才能确保项目按计划进行，达到预期目标。掌握产品运营的基本定义、产品运营的工作内容，提高产品运营岗位所需的素质和能力。通过 Teambition 监控任务完成情况。

（1）【判断题】层次分析法，简称 AHP，是指将与决策总是有关的元素分解成目标、准则、方案等层次，在此基础之上进行定性和定量分析的决策方法。（　　）

正确答案：√

（2）【判断题】层次分析法在给要素赋值的时候，越重要的排名越靠前，分数越低。

正确答案：×

（3）【判断题】在运用层次分析法时，如果所选的要素不合理，其含义混淆不清，或要素间的关系不正确，都会降低 AHP 的结果质量，甚至导致 AHP 决策失败。（　　）

正确答案：√

（4）【判断题】层次分析法不能为决策提供新方案，且定量数据较少，定性成分多，不容易令人信服。（　　）

正确答案：√

7. 项目评审

过程考核表			
项目名称	绘制生态图谱，渠道层次分析法		
项目类别	项目策划类	项目总分	10 分
项目评分标准			
序号	任务名称	任务要求	项目得分
1	分析微信私域流量路径的种类及数量	4 条路径以上	1 分
2	私域流量路径分配成员权责	根据路径绘制图谱，截图	1 分
3	绘制微信私域流量生态图谱	图谱汇总	2 分
4	明确企业项目需求	根据入驻企业诉求确定	1 分
5	通过头脑风暴研讨衡量指标	确定 3～4 条指标	1 分
6	使用层次分析法计算指标权重	确定指标排序及赋分	1 分
7	明确私域流量路径选择权重	计算权重	1 分
8	项目展示	展示图谱及计算结果	1 分
9	企业点评	入驻企业点评	1 分

续表

项目评分得分（10 分）	
企业录取（40%）	
教师点评（10%）	
小组互评（20%）	
小组自评（20%）	
自评（10%）	

8. 项目拓展

扫描二维码领取拓展资源

2.1 AIGC 时代，看营销内容生产力变革

项目五

互联网产品认知

项目结构

任务5.1　产品生命周期
任务5.2　互联网产品运营的工作内容
任务5.3　绘制产品流程图

任务目标

素质目标	1. 能够根据元素整合创业类型，并能够理解和应用运营逻辑
	2. 能够对产品需求进行分析与提炼
	3. 具有对用户的共情能力及对痛点的挖掘能力
知识目标	1. 能够根据产品生命周期的不同阶段明确运营策略
	2. 能够根据产品特征区分产品服务场景
	3. 能够根据产品形态明确所属类型及应对措施
	4. 能够根据需求池制作需求文档
能力目标	1. 具有对用户需求的洞察力
	2. 根据需求分析及产品特征，提炼对运营场景的理解、设计心理
	3. 能够对生态系统背后的逻辑进行拆分

1. 项目导入

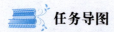 任务导图

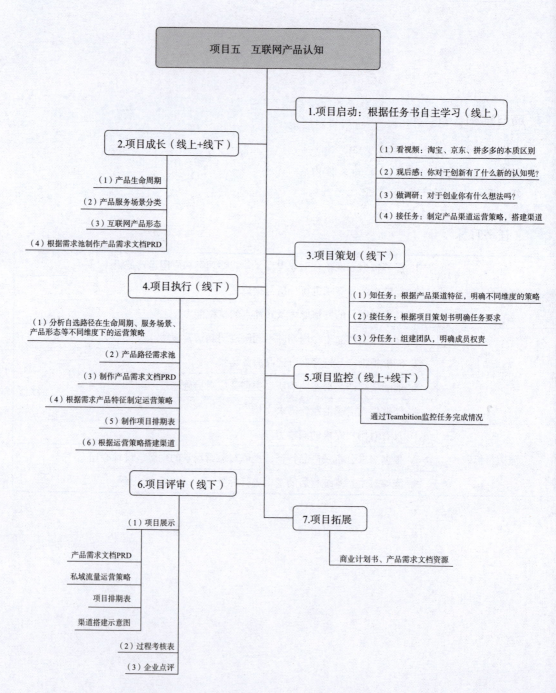

2. 项目启动

序号	任务	内容
1	看视频	【视频】淘宝、京东、拼多多生态系统搭建的区别① 扫码观看视频： 2.2.1　项目启动－拼多多 PK 京东，C2B 是阿里的梦想
2	观后感	【讨论】你对于创新有了什么新的认知呢？
3	做调研	【问卷】对于创业你有什么想法吗？
4	接任务	【任务】制定渠道运营策略，搭建渠道

3. 项目成长

通过学习前面的项目，我们了解了产品运营的基本情况，接下来将学习运营背后实际需要的客观规律和技能。只有懂得了这些运营规律和技能，才能更好地指导自己的运营工作。

这一模块，我们将学习不同的产品生命周期和产品形态下对应的运营策略，以及如何来绘制一个产品业务流程图。

2.2.2　产品生命周期

（1）产品生命周期

> 【思考】腾讯经典面试题
>
> 当前有一个理财场景叫"梦想计划"，即让用户设定一个目标值，然后通过定投或者不定期存入资金等方式达到目标。请设计一个针对梦想计划理财的线上推广方案。
>
> 请你思考：如何回答这个面试题？

这道面试题的一个重要考核点就是：要根据产品生命周期的不同阶段，提出有针对性的推广方案。

那么什么是产品生命周期？这个面试题为什么要考核产品生命周期？

人们常说，人有生老病死，这就是生命周期。一个产品也有生命周期，即产品从进入市场到退出市场的周期性变化过程。它是指产品的市场寿命，而非产品的使用寿命。因此，运

---

① 是酒馆呢. 拼多多 PK 京东，C2B 是阿里的梦想，但最有可能实现的是拼多多[DB/OL]. 视频网址：https://www.bilibili.com/video/BV16Z4y1s7vu/? spm_id_from = 333.337.search－card.all.click&vd_source = d3051e523089f42bc10924029c79d71c.

营人员需要根据产品生命周期的不同阶段，制定出不同的推广方案。

我们先来看一下图 5-1，这张图是抖音下载量趋势图。

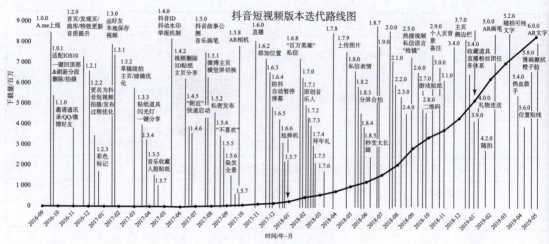

图 5-1　抖音下载量趋势图

由图 5-1 可知，抖音是 2016 年 9 月上线，一直到 2018 年 1 月，用户数增长都是非常缓慢的，用户数不到 500 万。到 2017 年 12 月，也就是一年多的时间，抖音迎来了爆发期，用户数增长到了 5 000 多万，增加了 10 倍多。然后增长速度放缓，进入产品的成熟期。

图 5-2 是微信小程序下载量趋势图。

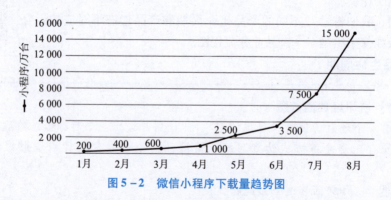

图 5-2　微信小程序下载量趋势图

如果我们将图 5-2 抽象成一个坐标，就会得出产品的生命周期模型，如图 5-3 所示，也就是 PLC 模型，这个曲线有点像字母 S，因此也叫 S 模型。横轴是时间，纵轴是用户量。随着时间的推移，产品的生命周期被分为四个阶段：

①引入期，也称探索期、导入期，在这个阶段用户对产品还不了解，用户增量增长速度缓慢，产品还在探索中，市场前景不太明朗。

②成长期，在这个阶段，用户对产品基本熟悉，用户数量暴增，产品不断迭代，功能持续完善，市场方向明朗，竞争者纷纷进入。

③成熟期，用户对产品形成依赖，产品几乎不怎么迭代了，用户量增长缓慢，直至下降，潜在用户数很少；市场需求趋于饱和，竞争加剧。

④衰退期，用户数不能永远增长，物极必反，当市场出现了新的产品，消费者兴趣开始转移，用户就转向其他产品，或者竞争者占领市场，产品用户数迅速下降，直至最终退出市场。

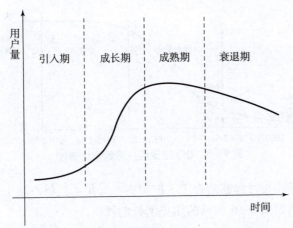

图 5-3　产品生命周期（PLC）——S 模型

但是在产品生命周期中，也存在一些常青树。如图 5-4 所示，当产品进入极限点时，企业往往能够抓住产品的转型期，找到破局点，进入第二波的增长通道。比如，新浪微博就抓住短视频这一机遇实现了第二波增长。

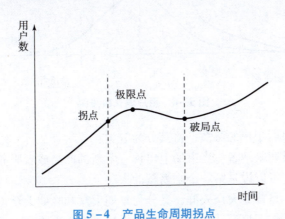

图 5-4　产品生命周期拐点

【素养提升】
　　这里，老师希望同学们切勿沉浸在过往的成就中，优越感爆棚，因骄傲自大而裹足不前；也希望同学们能够抓住人生的转折点，把每一次震荡变成你人生的低谷，而不是衰退，积蓄力量，在一次次的挑战中战胜自我，突破极限，成为职场不倒翁、人生常青树。

产品生命周期模型适用于所有的产品，区别就在于，产品的衰退期什么时候到来。

图 5-5 是 QQ 注册用户数的变化曲线，QQ 自 1999 年诞生，经历了引入期、成长期、成熟期，到 2012 年，微信诞生，取代了 QQ 的地位，从此使用 QQ 的人越来越少，QQ 进入了衰退期。

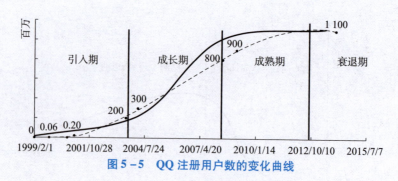

图 5-5　QQ 注册用户数的变化曲线

那么为什么产品的成长过程都暗合了 S 模型呢？如果我们将产品生命周期的增长率绘制成导线图，就可以得到如图 5-6 所示的用户增长曲线图。

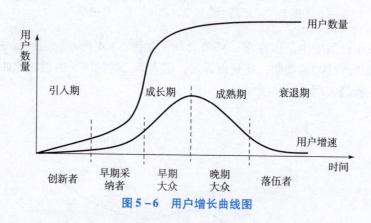

图 5-6　用户增长曲线图

这时，我们可以根据用户的习惯，将其分为五类：

首先是创新者和早期采纳者，当市场上出现一个新的产品或者服务时，他们愿意率先去尝试、体验新生事物，可以说是第一个吃螃蟹的人。

中间这一部分人，是普通大众人群，又分为早期大众和晚期大众，当他们身边的人开始使用新产品，他们也比较了解产品之后，才会慢慢接受新生事物。

最后一类，我们称其为落伍者，他们对新鲜事物比较迟钝，不太愿意接受新产品。根据人群的数量，最终图形呈现正态分布，如图 5-7 所示。

我们已知，产品在不同的生命周期阶段，所对应的人群并不相同。比如，滴滴打车在诞生之初就推给大众人群，效果肯定不理想，因为大众人群本身偏向保守，突然让他们用手机来打车，他们很难接受和使用，会觉得这样不安全。但是，当产品趋于成熟时，最初的创新者和早期采纳者却会慢慢离开产品，因为他们更喜欢尝试新鲜的事物，当产品慢慢变得老旧没有新的亮点时，他们会觉得索然无味。而当我们已经把大部分用户吸引来之后，最后就只剩下了落伍者，他们数量比较少，产品就进入了成熟期，如果运用不好，大众用户离开，则进入衰退期。

项目五 互联网产品认知

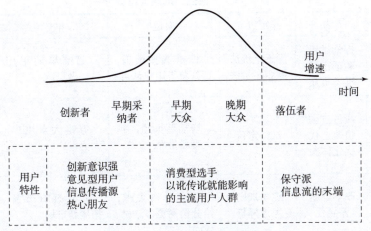

图 5-7 不同时期用户特征对比

【思考题】

对于一个产品的整个成长阶段,你觉得哪种类型的用户最为重要,运营人员需要投入最多的心血在这上面?产品生命周期运营策略如图 5-8 所示。

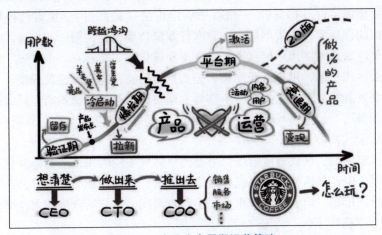

图 5-8 产品生命周期运营策略

答案是创新者和早期采纳者。因为他们普遍非常热心,只有当我们花费大量经历不断寻找、吸引这两类人群,让他们使用我们的产品,让他们帮助我们不断迭代、打磨产品,他们便会自动吸引其他的大众使用产品。一旦我们跨越了这个鸿沟,就会引爆产品,进入快速增长期,并收回前期的成本,获取更多的利润。

运营工作贯穿于产品成长周期的始末,不同阶段,有着不同的工作职责。那么产品运营人员应该如何根据产品所处的不同阶段来进行管理呢?产品生命周期管理参考如表 5-1 所示。

表 5-1　产品生命周期管理参考

阶段	宗旨	产品	定价	渠道	推广	数据指标
引入期 前途莫测	试	探索试错 验证市场 准备资质	渗透定价法 撇脂定价法	慎重选择渠道， 直到获得用户认可	瞄准早期采用 者，做口碑	留存率 激活率 转化率
成长期 欣欣向荣	快	质量过硬 快速迭代 优化体验	维持定价	增加新渠道，扩 大市场份额	瞄准大众用户， 大力推广	总用户数 增长率 留存率 渠道质量
成熟期 中年危机	稳	改革创新 差异化	竞争加剧 考虑降价	强化分销渠道， 给分销商更多激励	巩固现有市场， 拓展新市场	营收利润 活跃度 留存率
衰退期 苟延残喘	撤	维护产品 尽早转型	降低价格 收割市场	准备退市，仅保 留部分存货	把老用户导流到 新产品中	留存率 召回率 营收利润

在引入期，产品前途莫测，处在探索期，需要不停地通过市场来试错，耐心打磨产品核心功能，不断优化产品性能和体验，切勿盲目扩大市场份额，为后期的厚积薄发打下基础。产品定价可选用渗透定价（即低价），或者撇脂定价法（即高价），慎重选择推广渠道，挖掘出和产品匹配的创新型、探索型用户，瞄准行业窗口期，抢占第一波市场，重点打造品牌口碑。运营人员应重点关注用户留存率、激活率和转化率。核心在一个"试"字。

在欣欣向荣的成长期，用户活跃度显著提高，但仍要坚持产品迭代开发，不断优化，以适应并优化大众人群的需求，产品价格不宜马上调整，尽量维持原策略，同时运营人员要全面发力，增加新渠道，抢占市场份额，持续推广。运营人员应重点关注总用户数、增长率、留存率和渠道质量。核心在一个"快"字。

当产品进入成熟期，迭代速度放缓，但要注意针对不同的用户进行差异化运营，此时市场竞争日趋激烈，但产品运行成本降低，可适当降价，获取晚期大众人群，在巩固现有市场的同时，拓展新的市场。运营人员应重点关注营收利润、用户活跃度和留存率，防止用户流失。核心在一个"稳"字。

最后当产品进入衰退期时，在维护原产品的基础上，要及早转型，使用市场需求，继续降低价格，收割市场利润，做好退市准备，重点是把老用户导流到新的产品中，重点关注用户留存率、产品召回率和营收利润，随时准备撤出市场，避免更大的损失。

在产品的发展过程中，不可能一帆风顺，会经历各种各样的大风大浪（政策风险、市场风险、经营管理风险等），各种不可控因素会让产品生命周期快速变化。作为产品运营，要保持警惕，审时度势，在产品生命周期不同阶段及时调整策略，尽量延长产品的生命周期。

其实，只有当产品生命周期结合用户生命周期和 AARRR 用户增长模型，共同发力，才能够更好地为产品和用户创造价值。

【拓展小课堂】如何快速提升我们的创新力呢？快来扫描视频二维码，和阿娅老师一起找到属于自己的创新力！

文旅景区－文旅元宇宙策划案
【AI＋AR＋VR＋LBS】【旅游元宇宙】

(2) 互联网产品运营的工作内容

学习了产品的生命周期之后，我们对于产品的认知仍然不够全面，还需要知道产品的形态都有哪些类型，不同的产品形态又对应哪些运营策略，从而针对不同的产品类型来制定运营策略。

2.2.3 产品业务类型及形态

产品形态是指通过设计、制造来满足顾客需求，最终呈现在用户面前的产品状况。包括产品传达的意识形态、视觉形态和应用形态。在纯互联网领域，简单地说，就是你的产品最终要做成什么样的东西。可以从以下维度来区分我们的产品形态：包括业务形态、内容创造、产品功能、产品对象、使用频率，如图 5－9 所示。当然，我们也可以从其他更多的维度去划分我们的产品。下面将详细介绍。

1) 产品的业务形态

产品的业务形态，简单来说，就是我们究竟要以什么样的形态与用户发生关联。常见的有 APP、公众号、小程序、PC 端网页等，如图 5－10 所示。

图 5－9　产品形态类型　　　　图 5－10　产品业务形态类型

最常见的 APP，在项目初期阶段，其更新慢、研发难、项目风险大。

公众号则迭代快、非常轻盈，可随时更新，且不存在前后端程序沟通对接等问题，免去开发工作，可以快速上线服务，与用户产生链接。

小程序，则介于公众号和 APP 中间。

在开发、推广、维护成本的维度上，APP 研发成本很高，开发时需要考虑 Android 和 iOS 两个平台，还需要后台技术支撑，推广成本非常高；公众号基本没有研发成本，维护成本也比较低，推广效果比较好；小程序虽然开发维护成本中等，但是推广效果一般；在用户体验和功能上，APP 功能强大、可靠性强，用户体验良好；公众号功能简单、体验单一，比较适合内容输出；而小程序虽然功能相较公众号更全面，用户体验也不错，但是产品打开率偏低。不同业务形态特征对比如表 5－2 所示。

表 5－2　不同业务形态特征对比

业务形态	项目初期阶段	开发、推广、维护成本	用户体验、功能
APP	更新慢； 研发难； 项目风险大	成本高、包含 Android 和 iOS 两个平台； 后台需要技术支撑； 推广成本极高	功能强大； 可靠性强； 用户体验良好

续表

业务形态	项目初期阶段	开发、推广、维护成本	用户体验、功能
公众号	足够轻、迭代快；不存在程序沟通对接问题	无开发成本；推广速度快；维护成本低	功能相对简单；体验单一；适合内容输出
小程序	推出速度适中；迭代相对容易	开发维护成本较低；推广效果一般	功能相对更加全面；用户体验比公众号好

因此公司最终应根据项目所处阶段、成本、用户体验等多个维度，选择适合的产品形态。

2）产品内容创造者

根据产品内容是由谁来创造的，可以简单分为PGC（Professional Generated Content，专业生产内容）、UGC（User Generated Content，用户生产内容）和PUGC，如图5-11和图5-12所示。

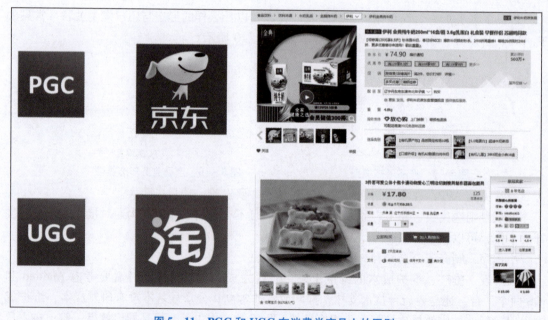

图5-11 PGC和UGC在消费类产品上的区别

在电商平台，以淘宝和京东为例，我们知道，淘宝页面上所看到的产品介绍并不是阿里巴巴这家公司上传的，而是由入驻平台的店铺上传的，淘宝本质上只是提供了买卖双方交易的平台，自己并不销售商品，即用户生产内容（UGC）。而京东自营则是由京东将在售的商品上架到其平台上，将产品放在自己的仓库里，由自己的快递来配送商品，因此京东自营是典型的PGC，即专业生产内容。

再如，我们在网易新闻上看到的文章都是由网易的员工提供或者通过文化传媒公司约稿，普通用户是无法在网易新闻上发布文章的，因此网易是典型的PGC；虽然今日头条也是新闻类平台，但是每一位用户都可以发布文章，而今日头条则基于算法对内容进行推荐，即

项目五　互联网产品认知

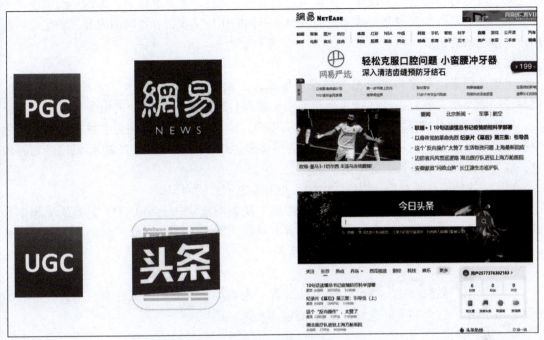

图 5-12　PGC 和 UGC 在新闻类产品上的区别

使是央视网、人民日报也只是以官方认证的形式入驻平台。

PGC 和 UGC 的区别如图 5-13 所示。

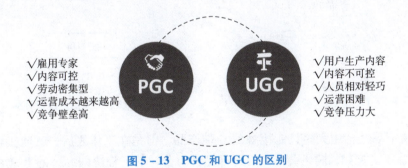

图 5-13　PGC 和 UGC 的区别

① 内容可控性。

PGC 是平台雇用一批员工或者付费请专家来生产内容。

UGC 是开放的，任凭用户去发言、生产内容，然后再从中挑选出优质的内容。

PGC 的内容更加可控，比如网易新闻会严格审核自己的新闻稿件内容，审核通过了才会发布。但是在 UGC 平台上，比如抖音，任何人录一个视频就可以发布，也不会有甲方要求改稿，因此 UGC 的内容是不可控的。

② 企业的体量。

PGC 通常是劳动密集型、重资本的运营模式，比如网易新闻需要雇用大量的记者，京东有 18 万员工，他们不但要自己运营每一个商品的详情页，还要自建仓库、配备所有的客服和快递，资本投入成本极高。但是 UGC 人员非常轻巧，比如淘宝平台本身不需要进行店铺运营、没有自己的仓库和快递,但是与之相对应的是运营的难度极大,无论是淘宝还是今日头条,他们都更加重视基于数据挖掘,而给不同的用户呈现推荐不同的内容,满足每一名用户个性化的需求。

③竞争壁垒与压力。

上面的因素也导致 PGC 产品竞争壁垒很高,比如京东成立了 17 年,才终于开始赢利,但是他的同类型竞争对手(如唯品会和苏宁)表现日渐衰退;而 UGC 的竞争压力却非常巨大,UGC 更多的是以新颖的运营模式来吸引用户,当市场上出现其他更有意思的玩法,用户就极易被吸引走。比如,与淘宝同类型的拼多多,2015 年诞生,到 2020 年就已经超越淘宝,成为中国用户规模最大的电商平台。

PUGC 就是平台既有用户创造的内容,也有专家创造的内容。

其实现在的互联网产品,大多会彼此渗透。比如淘宝主流上是 UGC,但是天猫超市却是 PGC,京东自营虽然是 PGC,但是京东官方旗舰店则是 UGC,因此产品的业务形态很难一概而论。

3)产品功能

可以根据产品的功能,将产品分为社交类、内容类、电商类、工具类、平台类等,如图 5-14 所示。这个非常好理解,不再赘述。

4)用户身份

我们可以从用户的身份入手,将产品分为 to B(即面向企业)和 to C(即面向普通用户)两个维度,如图 5-15 所示。

图 5-14 产品功能类型分类　　　图 5-15 产品用户身份分类

同学们在日常生活中大多只能接触到 C 端产品,但是在工作之后,就能接触到越来越多的 B 端产品了。比如,腾讯会议和钉钉都是针对公司的远程协同办公的 B 端用户设计的产品。

这两类产品的区别如表 5-3 所示。

表 5-3　B 端产品与 C 端产品的区别

项目	B 端	C 端
思考方式	理性	感性
用户体验	注重高效,原意花一定时间去学习如何使用	重视体验,希望简单易用,消耗最少的学习时间完成操作
使用场景	工作时使用,时间固定,有规律	私人时间使用,碎片化时间使用

续表

项目	B端	C端
业务形态	扁平化功能较高	一个核心功能为主，多维度功能延伸
复杂程度	偏工具属性，使用角色多，复杂程度较高； 生命周期长：产品比较复杂，需要一定时间来学习使用；所以一般适应一款产品后，不易更换	娱乐属性，使用角色少，复杂程度较低，业务相对简单（呈现给C端用户的简单）；生命周期较短，目标人群兴趣转移快
部署成本	集中部署，所以部署周期长，版本迭代慢	快速迭代，无须部署，下载即可使用

B端用户比较理性，更加注重效率，由于工作中必须使用产品，因此愿意花时间学习如何使用，并且使用时间固定，扁平化功能要求高，偏向工具类产品，复杂配合程度要求高，一旦用户适应后，产品生命周期长，相对稳定。

而C端用户偏感性，更加注重体验，希望产品简单易操作，不需要花费时间来学习和研究，能够在碎片化的时间穿插使用，需要在一个核心的基础上延伸出更多的功能，用户角色相对简单，业务流程简单，同时产品生命周期较短，用户容易流失。

因此我们发现，B端产品更加依赖营销人员的销售，直接通过服务用户获取回报；B端产品注重用户流量、拉新、促活等内容，通过用户的流量，依靠广告、增值服务等方式来获取回报。

5）产品使用频率

最后，可以根据产品的使用频率将其简单分为四种类型，如图5-16所示。

使用频率
- 一次性使用
- 低频率使用
- 非消费类高频使用
- 消费类高频使用

图5-16 产品使用频率分类

①一次性使用：比如培训课程或者婚庆服务类产品，用户可能只使用一段时间，结束了就会卸载产品，那么运营人员就不需要考虑产品的留存率了。因为无论我们做什么工作，用户的目标达成后，就会卸载产品，因此我们应该关注产品的转化成交率，提升客单价。

②低频率使用：针对用户使用频率较低的产品，如招聘、买火车票等，则要更加重视产品的知名度，让用户需要时能够使用，并且通过增值服务直接获取回报。

③非消费类高频使用：比如日历、有道词典、墨迹天气、美图秀秀等产品，用户付费意愿不强，但是使用频率高，因此在增加用户体验的前提下，要不断打造口碑，防止用户流失，同时，要尽量增加产品的社交属性。比如，墨迹天气中增加钓鱼小组和摄影，以此来激活用户。

④消费类高频使用：比如滴滴打车、美团外卖等，用户付费意愿强烈，使用频率高，要不断通过活动、红包、补贴等形式刺激用户打开产品，比如拼多多中给小树浇水，等树长成了，真的会给用户邮寄杧果等小的让利活动。

产品使用频率分类的策略如表5-4所示。

表 5-4　产品使用频率分类的策略

业务类型	用户一次性使用产品价值/接受服务	用户较低频率使用产品价值/接受服务	非消费类高频率使用产品价值/接受服务	消费类高频率使用产品价值/接受服务
典型产品	培训课程、婚庆服务（必须是付费型产品才可能成立）	招聘类产品、婚恋类产品（必须有明确的付费可能和变现途径）	日历、闹钟、听歌、媒体类等产品	打车类产品、外卖类产品
用户特征	用户有付费意愿和习惯，但基本只有一次消费机会	用户使用产品周期恒定，相对频率较低	用户付费意愿低，但使用频率较高	用户付费意愿强且使用频率高
核心运营关注点	转化、销售、成交、高客单价	品牌传播、PR、增值服务	用户体验增强、口碑打造+口碑外化	通过活动、激励、补贴等一切手段激励用户消费

产品的分类维度并不只有这五种类型，互联网产品日新月异，发展极为迅速，只要能够根据我们的目标和用户的属性，选择适合的业务类型，并根据产品的类型制定差异化的运营策略即可。

> 【思考题】互联网产品分类训练
>
> 请打开你的手机，看一下每一个 APP 从不同的维度上来划分，都属于什么业务类型，以及其运营策略和用户属性是什么样的。
>
> 比如，知乎是一款用户创造内容的 APP，属于内容类+平台类的 C 端产品，非消费且使用频率高。因此平台内容不可控，竞争压力大，用户流失风险高，需要不断优化用户的体验，注重产品口碑，防止用户流失。

希望同学们将来在看到任何一款 APP 时，都能够很迅速地判断产品的业务类型，并判定基本的运营策略，不断加强训练自己的运营敏感度，总结经验值。

(3) 绘制产品流程图

在前述课程中，我们已经学习了运营人员在执行项目的过程中，目标导向的思维逻辑，流程化的项目管理和拆解问题的方法，但是在具体操作执行项目的过程中，我们仍然需要系统、深入地掌握运营项目工作技能。

2.2.4　绘制产品流程图

接下来，我们将学习什么是产品业务流程图，以及如何绘制产品流程图，从而帮助项目更加简单、准确地执行和落地。

下面从以下四个维度来详细讲解产品业务流程图的定义、作用、分类和绘制方法。首先，直观感受一下究竟什么是产品业务流程图。

1) 业务流程图的定义

对于同学们放假买高铁票回家的行为，我们就可以绘制出一幅简单的购票流程图，如图 5-17 所示。

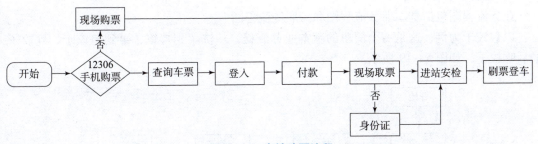

图 5-17　高铁购票流程

我们可以现场购票，也可以在手机上购票。如果在手机上购票，需要打开 12306 APP 查询车票，确定行程后，登入，付款，现场取票，如果不想取票，可以直接使用身份证，然后进站安检，最终刷票或身份证登车。

简单来讲，业务流程图就是用图的形式，按顺序来描述某一事项的执行过程或流程。

2）业务流程图的作用

业务流程图的作用也是显而易见的，以速卖通的进出口业务流程（见图 5-18）为例进行介绍：

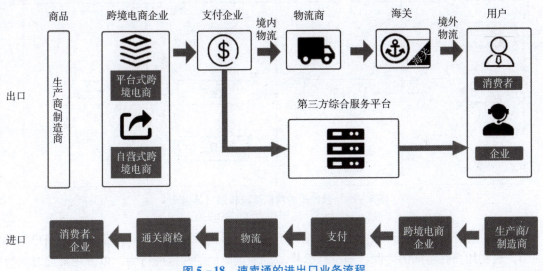

图 5-18　速卖通的进出口业务流程

首先，它能简单明了地表达工作业务流程，帮助我们快速了解进出口业务流程，精准地表达出下列内容：谁，什么时间，在什么条件下，做了什么事情，得到了什么结果。

其次，业务流程图可以帮助项目成员确认需求，比如当一个项目成员打开流程图时，很快就能明白自己在业务中需要做什么，从而做到心中有数。

最后，用户流程图可以帮助运营人员快速、全面地梳理操作流程，挖掘产品或项目在功能、结构上是否有问题，排除流程错误或者遗漏，为方案优化提供方便，从而更好地完成产品的输出。

3）业务流程图的分类

业务流程图包括基本业务流程图和跨职能流程图。

以包饺子为例，这是一个简单的基本业务流程，从洗菜到拌馅，再到包饺子、煮饺子，最后吃饺子，如图5-19所示。

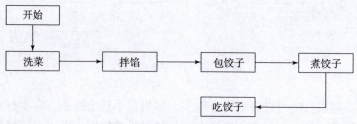

图5-19　基本业务流程图

但是当涉及多个角色时，同样以包饺子为例，这就变成了跨职能流程图，如图5-20所示。丈夫洗菜，妻子拌馅，所有人一起包饺子，妈妈煮饺子，最后大家一起吃饺子。这个图看起来像一个游泳池，所以也被称为泳道图。

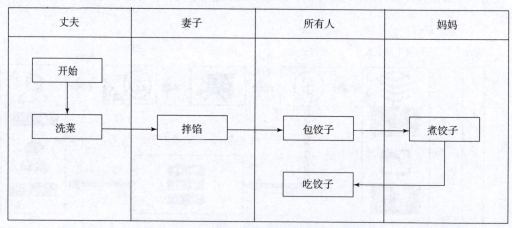

图5-20　包饺子的跨职能流程图（泳道图）

其实，业务流程图的形式不必仅仅拘泥于这两种形式，比如图5-21是抖音的用户行为地图，表明用户在不同的阶段，通过什么样的接触点产生了一定的行为，以及用户此时的想法、情绪、痛点和需求等信息。

再如图5-22是本项目的产品运营认知地图，想要原图的同学，可以在本章节的知识拓展中下载原图。

4）绘制简单的产品业务流程图

为了便于识别，流程图会习惯用一些固定的形状表示行为的含义，如图5-23所示。

项目五 互联网产品认知

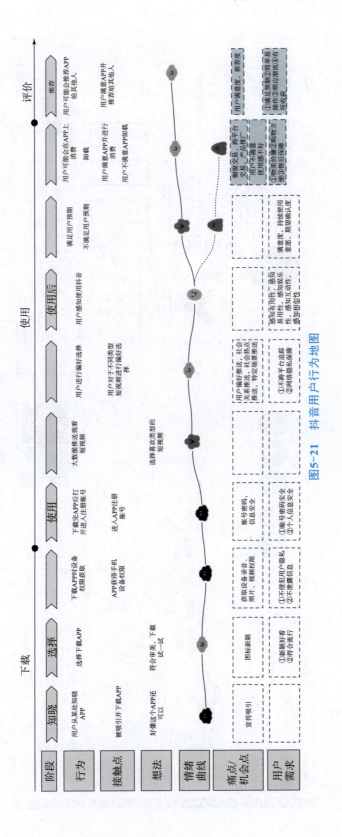

图5-21 抖音用户行为地图

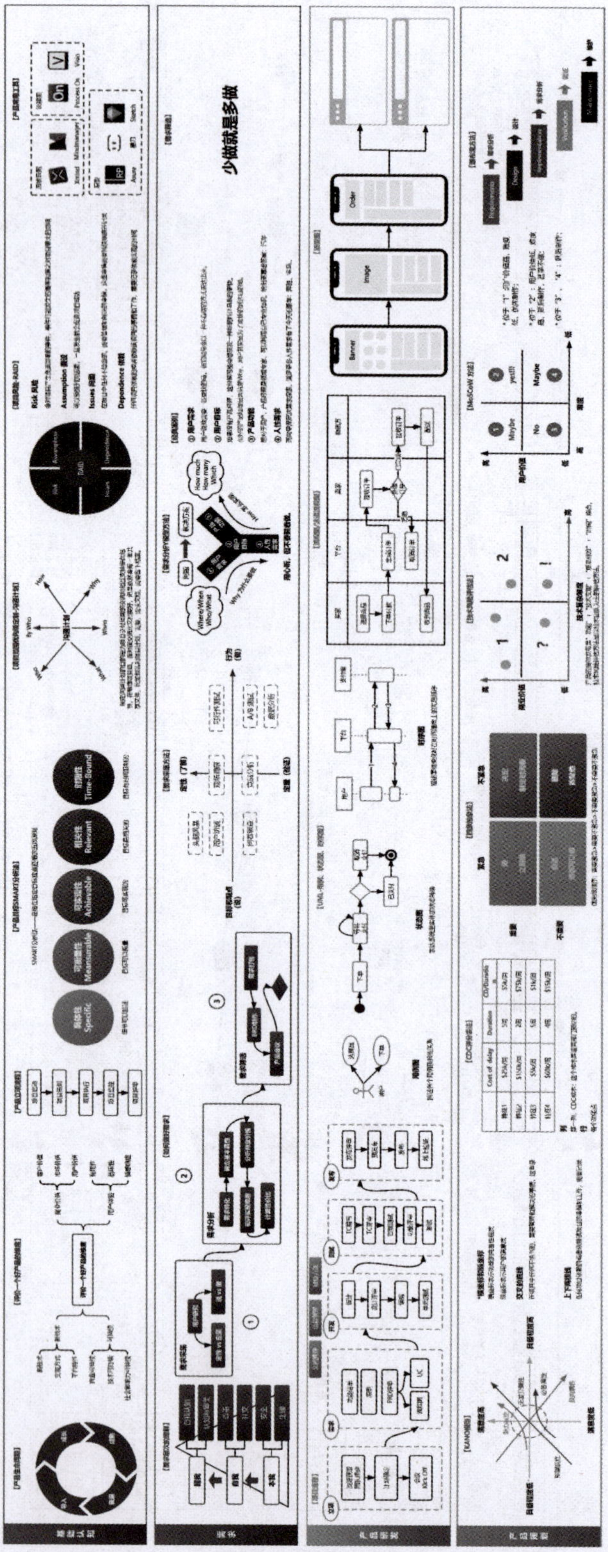

图5-22 产品运营认知地图

项目五　互联网产品认知

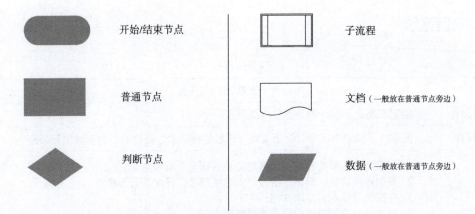

图 5-23　产品业务流程图固定形状示意图

　　一般用椭圆形表示开始与结束；矩形表示行动方案、普通的工作环节；菱形表示问题判断、审批环节；平行四边形表示输入和输出，比如输入账号和密码；窗框表示一个普通行为下面的子流程；半波浪一般放在一个行为的旁边，表示这个行为需要的文档，比如应聘这个行为，需要递交简历文档；箭头表示行为路径。

2.2.5　企业实战演练-5.使用 processon 绘制产品交互设计，搭建产品渠道

　　这里推荐使用 processon 来绘制流程。同学们可以扫描右侧二维码，观看实操指导视频。

　　课程的最后，希望同学们能够根据这期视频，自己绘制一个微信发布朋友圈的流程图。

　　产品业务流程图对于尚未工作的同学们而言是有一定难度的，但是同学们在理解流程图的基本理念和方法技巧之后，要坚持由浅入深，循序渐进，不断加强训练自己的流程思维，将表象的行为梳理、抽象成清晰的思路和工作流程，最终将项目落地。

【素养提升】

未雨绸缪早当先

居安思危谋长远

破茧成蝶终可待

4. 项目策划

项目策划书

项目五　互联网产品认知	
项目名称	绘制产品交互设计图，搭建产品渠道
项目目标	能够从不同的维度分析渠道策略，然后结合需求，搭建恰当的私域流量渠道
项目说明	1. 在前项目已经选择的私域流量渠道基础上分析和搭建； 2. 根据产品特征、形态、阶段三大维度制定差异化运营策略； 3. 根据需求池制定需求文档； 4. 根据项目排期表搭建私域流量渠道
项目工具	Teambition　　　项目时间　　　120 分钟（包含课后）

项目管理流程				
序号	任务名称及说明	负责人	KPI	时间
1	与企业沟通，明确产品形式	成员 ABC	1 分	20 分钟
2	明确产品构架模块	全体成员	1 分	20 分钟
3	团队头脑风暴，策划交互设计	全体成员	2 分	20 分钟
4	使用 processon 绘制产品交互设计图	全体成员	2 分	20 分钟
5	根据交互设计图，搭建产品渠道	成员 D	1 分	20 分钟
6	项目展示，企业审核产品形式	全体成员	2 分	20 分钟

项目评审（10 分）	
企业点评（40%）	
教师互评（10%）	
小组互评（20%）	
小组自评（20%）	
自评（10%）	

5. 项目执行

我们依据图 5-24 所示的 Teambition 项目执行流程示意图，完成项目执行。

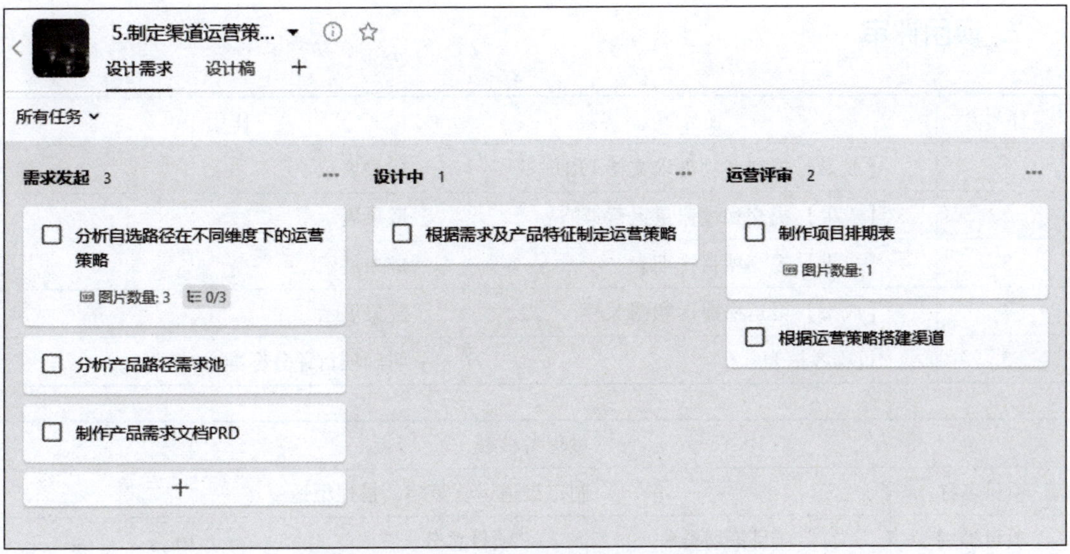

图 5-24　Teambition 项目执行流程示意图

6. 项目监控

通过对互联网产品的深入学习和理解，我们应掌握了互联网产品运营的工作内容。我们可以通过 Teambition 监控任务完成情况。

(1)【单选题】淘宝在最初起步的时候，更类似于以下哪种运营模式？（　　）
A. B2C　　　　　B. C2C　　　　　C. B2B　　　　　D. C2B
正确答案：B

(2)【单选题】天猫的运营模式是（　　）。
A. B2B　　　　　B. B2C　　　　　C. C2C　　　　　D. C2B
正确答案：B

(3)【单选题】拼多多的拼团，本质上的运营模式是（　　）。
A. B2C　　　　　B. B2B　　　　　C. C2C　　　　　D. C2B
正确答案：D

(4)【判断题】天猫和京东都是 B2C，所以两者的运营模式是一样的。（　　）
正确答案：×

(5)【判断题】在创新创业方面，美国更加倾向于技术创新，而中国更加倾向于元素重组创新。（　　）
正确答案：√

7. 项目评审

序号	任务	作用
1	【成果】提交产品需求文档 PRD	成果展示
2	【成果】提交私域流量运营策略	成果展示
3	【成果】提交项目排期表	成果展示
4	【成果】渠道搭建示意图	成果展示
5	过程考核表	明确项目评分标准

过程考核表			
项目名称	制定渠道运营策略,搭建渠道		
项目类别	项目策划类	项目总分	10 分
项目评分标准			
序号	任务名称	任务要求	项目得分
1	与企业沟通,明确产品形式	确定产品形式	各1分,共4分
2	明确产品构架模块	明确产品构架	1 分
3	团队头脑风暴,策划交互设计	交互设计	2 分
4	使用 processon 绘制产品交互设计图	绘制设计图	2 分
5	根据交互设计图,搭建产品渠道	搭建产品渠道	1 分
项目评分得分(10分)			
企业录取(40%)			
教师点评(10%)			
小组互评(20%)			
小组自评(20%)			
自评(10%)			

8. 项目拓展

扫描二维码领取拓展资源

2.2 【素质】创新力

项目六

产品竞品分析

项目结构

任务 6.1　竞品分析概念与评价标准
任务 6.2　竞品分析步骤
任务 6.3　制作竞品分析报告

任务目标

素质目标	1. 具有永不放弃的奋斗欲望和内生动力
	2. 具有结构化思维，能够把错综复杂的事情有效整理并阐述出来
知识目标	1. 学习从公司战略到产品战略的规划
	2. 能够设计产品路线图
	3. 学习产品战略规划
	4. 学习产品业务管理
能力目标	1. 具有竞品思维能力、企业战略规划能力
	2. 能够看透事物本质，对事物有独特的见解
	3. 具有产品团队管理能力

1. 项目导入

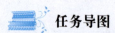 **任务导图**

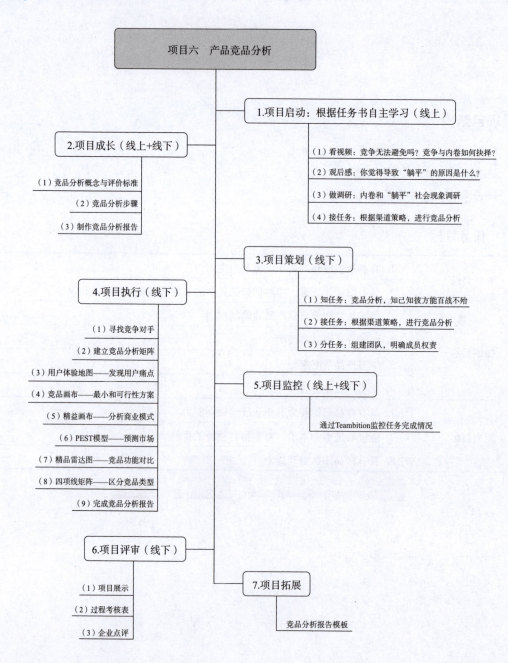

2. 项目启动

序号	任务	内容
1	看视频	【视频】竞争无法避免吗？竞争与内卷如何抉择？[①] 扫码观看视频： 2.3.1 项目启动－竞争是无法避免的吗？竞争与内卷有什么关系？
2	观后感	【讨论】你觉得导致"躺平"的原因是什么？
3	做调研	【问卷】内卷和"躺平"社会现象调研
4	接任务	【任务】根据渠道策略，进行竞品分析

3. 项目成长

【职场小剧场】

你在职场上遇到过如图 6-1 所示的场景吗？究竟什么是竞品分析？要如何来做呢？今天就让我们带着这样的问题开启新的职场晋升之路吧！

图 6-1 职场小剧本

[①] 阿广 Hior. 竞争是无法避免的吗？竞争与内卷有什么关系？［DB/OL］. https://www.bilibili.com/video/BV1dR4y1V7F1/?spm_id_from=333.337.search-card.all.click&vd_source=d3051e523089f42bc10924029c79d71d.

(1) 竞品分析概念与评价标准

2.3.1 知识点——竞品分析前的准备工作1

2.3.1 知识点——竞品分析前的准备工作2

目前,市面上的大部分 APP 都有同类产品,无论功能、设计都大同小异。尤其是小的互联网公司,早期都是通过模仿同类的竞争对手来不断打磨自己产品的。这就需要我们学会做竞品分析。

产品运营做竞品分析到底有多频繁呢?可以说是时时刻刻。如果有人跟你说,产品经理80%的时间都在做竞品分析,我保证一点都不夸张。

作为一名互联网运营人员,至少要能够完成相对基础的竞品分析,从而找到运营策划与执行中的突破点。接下来将从以下五个方面来介绍做竞品分析之前我们都需要完成哪些步骤。

第一,什么是竞品分析。

我们把"竞品分析"四个字拆开,其实就很好理解了,如图6-2所示。

竞:即存在竞争关系。

品:即高质量的产品。

分:即进行分类、对比组合的过程。

析:即剖析问题、输出结论的过程。

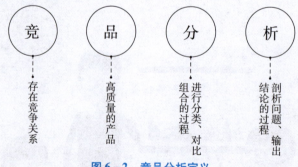

图6-2 竞品分析定义

组合在一起,即筛选出市场上存在直接或者间接关系的优质产品,进行分类、组织、对比、剖析,总结竞品,分析自己产品的优势和不足,输出结论,为下一步决策提供帮助的设计方法。

竞品分析是一个长时间定期持续积累,不断挖掘和分析的过程。可以理解为帮助运营人员摸清产品规律和对手弱点的一个工具,它就像是武功秘籍,可以把各家的绝招都变成自己的武功招式。

第二,为什么要做竞品分析。

很多时候,不是产品做好了就一定能得到用户的青睐,也有可能被竞争对手蚕食掉。比如诺基亚、柯达等产品可以说是登峰造极,但最终由于不了解竞争对手的策略,而被市场所淘汰。因此，竞品分析可以让你更好地去了解行业，了解对手，了解别人都在做什么、他们为什么这么做。

所谓师夷长技以制夷，其实产品运营也差不多。我们在确定一个项目之后，先要看看其他产品是怎么做的，头部产品是怎么做的，国内参考完之后，再看看国外是怎么做的。当然，我们不是要生搬硬抄，而是要借鉴、做竞品分析；实际上就是要探究每个产品设计背后的原因，他们为什么这么做，他们为什么都这么做。

很多新人经常会纳闷，这种方法明明很好，但为什么其他的产品偏偏不这么做。结果在自己实际操作时才明白，哦，原来坑在这里。其实，其他公司之所以这么做，一定是有理由的。尤其是成功的产品，这些产品的设计人员基本上已经把能踩的坑都踩过了。

所以作为产品运营新人，就更要去借鉴、去学习了。但是也不要一味地去模仿，要去探究产品设计背后的原因、产品的根源、产品的要点。然后再结合自己产品的特性，做适当地调整和改进，这样才有意义。

第三，明确竞品分析的目标。

正如前文所述，目标是运营的起点，竞品分析自然也不例外。没有目标的运营行为是没有灵魂的。我们在做竞品分析之前，首先要明确竞品分析的目标，否则容易把事情想得过于复杂，而无从下手。

那么这个目的是什么呢？就是我们通过竞品分析希望得到的是什么。竞品分析的目的不一样，决定了我们做竞品分析的思路也是不一样的。

1）普遍性目标

从普遍性的角度来说，竞品分析的目的包括明确产品研发、改进的方向，了解市场发展行情，了解竞品的战略、功能等资料信息，或者了解和竞争对手的差距，然后得出一些有用的结论，并获得一些新的产品切入点，从而促进产品的研发和迭代；增强我们产品的核心竞争力，最终实现占领市场的目的，为运营工作提供参考，如图6-3所示。

正所谓知己知彼方能百战不殆。当然从普遍性的角度上来讲，比较泛泛。

2）特殊性目标

如果从特殊性的角度来说，就需要公司根据当下产品的实际情况来决定了。竞品分析特殊性目标如图6-4所示。

普遍性
- 明确产品研发、改进的方向
- 了解市场发展行情
- 了解竞品的战略、功能
- 了解和竞争对手的差距
- 确认新的产品切入点
- 促进产品的研发和迭代
- 最终占领市场

特殊性
- 决定功能特性取舍
- 商业模式拓展评估
- 改进产品体验设计

图6-3 竞品分析普遍性目标　　图6-4 竞品分析特殊性目标

①决定功能特性取舍。

比如，微信是否要在聊天框里增加"未读"和"已读"显示功能，这就要借助竞品分析来给这个功能是否修改提供一个依据。那么从这个目的出发，我们只要找到有相关功能的竞品，如淘宝旺旺和国外的Whats APP，对这个功能进行对比分析即可，如图6-5所示。

最终，微信决定增加"正在输入"而不是"已读"来提升用户体验。

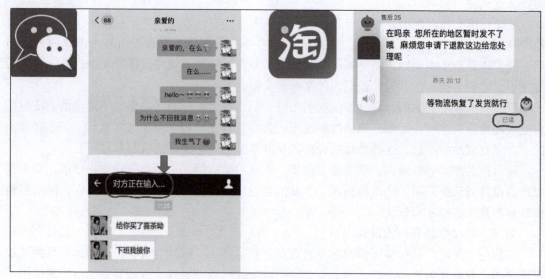

图 6-5　微信阅读对话框对标淘宝的竞品分析

②商业模式拓展评估。

再如，受到直播类社交平台的冲击，在战略层面上，微信考虑在商业模式上是否需要增加视频直播模块。那么微信可以通过竞品分析来拓展直播和视频商业模式方面的思路。如图 6-6 所示，从这个目的出发，我们就要从宏观上找到相关的竞品，如抖音、Facebook，看看其运作方式和盈利点，再与其进行对比分析，最终增加了视频号和直播两个模块。

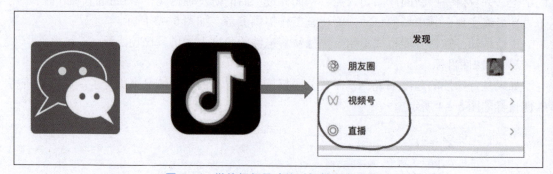

图 6-6　微信视频号功能对标抖音竞品分析

③改进产品体验设计。

还是以微信为例，微信对产品的服务界面下的交互设计及视觉 UI 设计不够满意，领导希望有所改进，使其更加易用、美观，从这个目的出发，我们就需要找到交互和视觉设计都做得不错的竞品，如支付宝的功能模块，进行比较分析，如图 6-7 所示，然后主要从交互和视觉的角度对比即可，对比之后增加了城市服务模块，取其精华。

这些案例是举不胜举的，这里只是要表达一个意思：做竞品分析要有针对性，从目的出发，这样才能增加竞品分析的效用和效率。

项目六 产品竞品分析

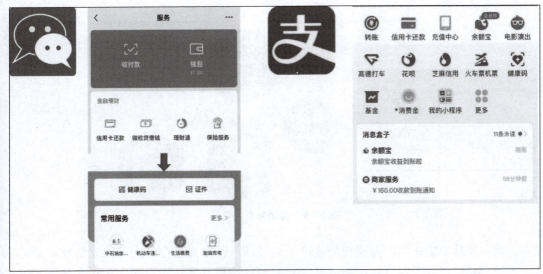

图 6-7 微信支付对标支付宝的竞品分析

3)给谁看

最后,我们还需要考虑这个竞品分析最终要给谁看(见图 6-8),传统的竞品分析报告大部分是给产品研发团队和产品设计经理看的,主要关注产品的功能、设计等单个模块。

但如果是给公司老板看的,我们就需要侧重老板关心的问题,层次也比较高,如业内的地位、行业的发展方向、产品的竞争力等。

◆给谁看
·产品研发团队
·产品设计经理
·公司老板
·辅助运营岗
·求职

图 6-8 竞品分析给谁看

如果是给其他辅助运营岗看,比如客服、用户运营部门,只需要提供一些竞品的新玩法、新思路,表达清楚即可。

甚至如果你是一名求职者,当你去面试一家比较心仪的互联网企业,能提前准备一份他们家的竞品分析报告,真的是非常加分的。

所以,我们在做竞品分析时要根据目标和给谁看,在具体的内容上有所侧重。

第四,如何选择竞争对手。

竞品分析的第四个步骤是怎么找到竞争对手,选择适合的竞品。

竞品的选择听起来不应该是一个问题,但恰恰是在这里,可能很多人都会受到巨大的局限。假如你在美团外卖工作,为了寻找整个点餐、下单、支付、配送流程的优化节点和空间,现在需要去做竞品分析,你会选择哪款产品作为你的竞品进行研究?可能 90% 以上的人都会说:饿了么。美团外卖的竞品如图 6-9 所示。

但为什么我们不是通过对淘宝、京东等产品的研究来提升购买和下单体验呢?为什么我们不是通过研究大众点评等产品来了解用户在"觅食"的过程中,可能会产生哪些问题,以及哪些看起来细小的体验对于用户可能是会有极大增益的呢?为什么我们不能通过研究闪送、花点时间等产品来提升自己的配送、收货等体验呢?

所以,竞品的选择其实同样存在学问。基本上,有 5 种选择"竞品"的角度和方式。

1)核心服务+核心用户都基本相同的产品

这类产品称为直接竞品,即提供的核心服务、市场目标方向、客户群体等与我们的产品

图6-9 美团外卖的竞品

基本一致,产品功能和用户需求相似度极高的产品。选择直接竞品进行研究是最常见的方式,有助于我们更直观地将自己的产品与对方的产品在各方面进行对比,找准自身定位和认知。

比如,美团外卖和饿了么,基本就算是直接竞品。但是如果始终选择直接竞品进行研究,很容易形成"局限",在各种思路、想法上都越来越保守,难有创造性的想法出现。

2)核心用户群高度相同,暂时不提供我们产品的核心功能与服务,但通过后期升级很容易加上相关功能的产品

举个最典型的例子,这类竞品就像是早期的嘀嗒拼车和滴滴打车之间的关系一样。通过研究这一类竞品,我们可以对自己产品的版本规划、迭代演化路径等形成更具体的认知,同时也能够对用户的某些行为特征和喜好产生更深入的认知。

3)目标人群可能不太相同,但某些产品功能模块和服务流程比较相近的产品

对于这类产品在业务流程、交互细节等层面进行研究,往往有助于我们在具体产品功能的设计上产生灵感,给我们带来许多启发。

还是以上面提到的例子来说明,一个美团外卖的产品经理,完全有可能通过对"闪送"等产品的研究来提升自己产品的配送体验。

4)目标人群有一定共性,产品提供的核心服务不太一样,但在特定场景下对同一类用户需求和用户的使用时间形成挤占的产品

比如,当年的微博对校内人人网等产品来说,就类似于这个状态。对于这一类竞品,进行比对研究时要重点抓准用户的需求、场景和深层次的使用动机,甚至要再多找几款满足用户类似需求和具有类似属性的产品进行比对,再来思考如何能在自己已有的产品形态中面向用户的需求设计出更好的解决方案。

5)核心目标用户是同一类人,但满足的需求不同,也不太会形成竞争关系的产品

对于这类产品,我们可以从"产品"和"运营"角度分析对方如何吸引用户,从中获得参考和借鉴。

例如,某大学生职业培训机构通过研究某英语四六级培训机构的获客方式,发现其一开始都会送新学员一套价值299元的超值礼包(包括四六级资料、核心单词书籍,以及名师出版的最新学习书籍等),利用这种方式在大学生群体中打造了良好口碑。于是某大学生培训机构迅速模仿,也设计出一个价值几百元的超值礼包,并取得了良好的获客效果。

以上,是关于竞品的选择。一般来说,如果是面向行业和产业格局层面的竞品分析,可以选择上述1)、2)、4)项进行研究;如果是希望深度了解用户的竞品分析,可以选择上述1)、4)、5)项进行研究;而如果是围绕着某些产品功能的改进和优化的竞品分析,可以选择上述1)、3)、5)项进行研究。

第五,如何收集资料与信息。

在做竞品分析之前的准备中,最后一步是收集资料与信息,那么如何收集资料和信息呢?

1)行业现状、市场格局等

关于一个行业的行业报告、产业链等信息,往往在艾瑞咨询、易观、DCCI互联网数据中心等网站,会有大量可下载、可参考的内容。如图6-10所示,就是在艾瑞咨询找到的一个关于内容付费产业的报告。

图6-10 艾瑞咨询

2)产品的数据表现

产品的数据表现通常包括排名、用户规模、活跃用户规模、收入情况、用户评价等。

比如,图6-11是鸟哥ASO中的微信一周数据报告,包括产品版本迭代信息、实时应用商店排名、所获用户评论数等信息。类似的平台还包括APP store、APP annie等,如图6-12所示。

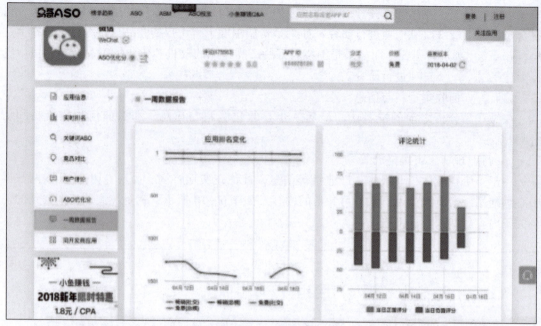

图 6-11 乌哥 ASO

评级	评价	日期
★★★★★ 5.0	只是来为千玺打call 作者：千玺的小女孩 哈哈哈哈哈	2018年4月15日
★ 1.0	阿里巴巴就是一坨用 作者：Cecilia Joo 垃圾	2018年4月14日
★ 1.0	体验太差 作者：Heracles164 不能横屏，搜出来都是大图，一页显示不了多少。拿个大iPad，简直没法用	2018年4月13日
★★★ 3.0	搜索分类怎么变空白了？ 作者：Leafwei 如题，搜索分类一遍空白，刷新也没用。	2018年4月11日
★★★★★ 5.0	我跟你们直说吧，易烊千玺代言真的太好了 作者：易烊千玺中戏专业第一 哈哈哈哈，国民度超级高的千玺弟弟，天猫找对代言人了	2018年4月11日
★★★★★ 5.0	我们家最贵的猫 作者：喵喵喵在吗 哈哈哈哈哈哈哈哈我们家少年的第四只猫 超级好超级贵超级惹人喜欢的猫 必须喜欢啊 上天猫！一起理想生活 开始我们的元气计划吧！！！发现pad版一般都没手机版好用 没关系 反正俩都下载了（第一遍评论是不是没发出去 我再发一遍	2018年4月11日

图 6-12 APP store 评论

3）产品的运营事件和运营信息

相对来说，一款产品的具体运营动作可能更难获取到，往往我们只能通过搜索+产品本身的微博、微信公众号、知乎等渠道来搜集信息。一般来说，对于成熟一点的产品，大规模的运营事件都会单独进行报道和传播，但中早期的产品就不一定了。

另外还有一个思路，就是先绘制出一款产品的用户增长曲线，然后找到几个显著的增长点，再反过来去查，在这个点上，该产品是不是做过一些运营方面的动作。比如网易云音乐的下载量增长图（见图6-13），我们就可以重点去看，网易云音乐在2.0、2.2、2.7这三个版本所对应的时间周期上，都做了些什么运营动作？

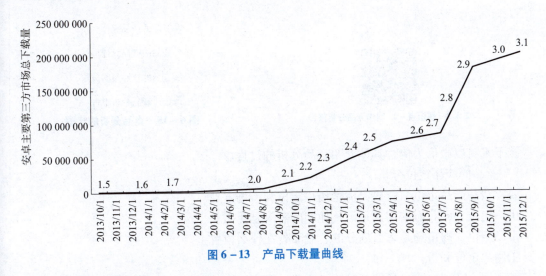

图6-13　产品下载量曲线

4）产品的业务逻辑和业务流程梳理

这两个就比较直接了，基本要依赖于我们对产品进行实际的体验和研究，然后梳理而成。

"业务逻辑"指的是：这个产品在服务运转过程中，一共涉及几种角色，它们之间的关系是什么，整个业务是如何运转的。

如图6-14所示，豆瓣本质上是一个UGC产品，我们可以寻找其他的UGC产品，如知乎、网易云音乐等。

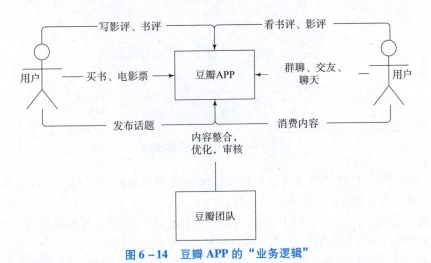

图6-14　豆瓣APP的"业务逻辑"

"业务流程"则指的是：用户体验和使用一个产品的某项服务时，具体的流程到底是什么？分为哪些步骤和环节？

至此，我们终于完成了竞品分析前的准备工作。

(2) 竞品分析步骤

竞品分析实际操作过程包括四个步骤，如图 6-15 所示。

2.3.2 知识点-2. 制作竞品分析报告

➤ 竞品的产品定位分析
✎ 竞品的产品设计分析
♣ 竞品的核心策略分析
☰ 撰写竞品分析报告

图 6-15 竞品分析的步骤

接下来将以微信为例，具体介绍竞品分析的过程。

1）竞品的产品定位分析

要弄清楚产品定位，就要弄清楚用户定位和市场定位。

用户定位，即我们的用户是谁，他们的需求是什么；

市场定位，即市场是怎么划分的，竞品处在什么位置上。

①用户定位分析。

基于用户需求定位，我们可以通过功能、内容、情感和社交四项模型来分析竞品在用户需求上是如何定位的，如图 6-16 所示。

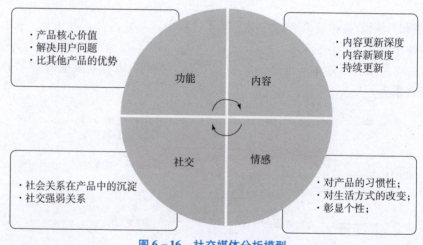

图 6-16 社交媒体分析模型

A. 微信在功能上的核心价值是信息传递，解决了用户的社交需求，相较于其他产品最大的优势是用户基础庞大，实时传递效果好。

B. 在内容方面，作为一款 UGC 产品，用户群体庞大，其公众号模块内容更新的深度、新颖度、速度可以说在所有的社交类产品中是表现最好的。

C. 在社交上，微信本身就属于强社交属性。强大到什么程度呢？同学们每天睁开眼的第一件事，大概率就是先打开手机看看有没有消息，如老师是否调课；但是即便在淘宝中也是有社交属性的，如买卖双方的评价、提问，或者直播电商中与买家的互动。

D. 在情感上，用户对微信的依赖度非常高，可以说是又爱又恨，在朋友圈中可以充分彰显自己的个性和生活方式。

至此我们发现，微信能够充分地满足用户在所有维度上的需求；那么我们如何收集用户的意见呢？同学们可以通过如图6-17所示的APP来收集用户的意见。

图6-17 收集用户意见的常用平台

包括APP store应用社区，知乎、阿里云社区、微博等论坛类社区，人人都是产品经理，36氪、虎嗅等有非常多的深度分析好文，艾瑞咨询、易观分析等互联网咨询平台能够提供科学严谨的行业研究报告；天眼查和企查查则适合于查询一些竞品公司的内部关系。除了这些平台，还包括阿里数据、百度指数等数据平台；和用户、同事的聊天、用户访谈、调研、测试都可以为我们提供不错的信息来源。我们甚至可以关注其他公司内部员工的公众号，看他们每天都在干些什么，这里就要发挥同学们自己的想象力了。

我们可以通过一些行业竞品数据的常用网站资源来辅助我们做出更加准确的决策和判断。因此，同学们日常可以尽量多收集一些工具平台和素材。

②市场定位分析。

对市场定位进行分析比较常见的方法是"四象限分析法"，如图6-18所示，简单来讲就是选择两个产品的属性作为衡量指标，画出X轴和Y轴，将图片划分成四个部分，从而寻找产品的相似之处和不同点。在后面的项目中会详细地介绍四象限分析法，这里仅以微信为例，进行简单说明。

首先选取两个指标，分别是产品标准程度和用户相互影响程度，如图6-19所示。我们知道，微信的标准化程度非常低，即每一个用户打开产品看到的内容都是不一样的。同时微信用户相互影响度极高，因此它在图的左上角。而谷歌地图的标准化程度高，用户相互影响度低，因此它在图的右下角，那么同学们可以思考一下，还有哪些APP和微信一样，属于标准化程度低、用户相互影响度高的产品呢？这类APP是否可以参考微信的用户运营体系，来指导和优化自身的产品？

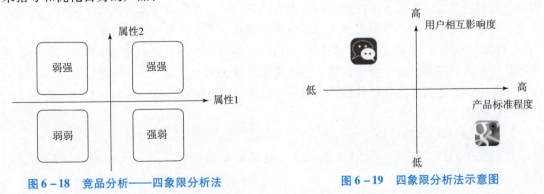

图6-18 竞品分析——四象限分析法　　　图6-19 四象限分析法示意图

当然我们也可以选用最传统的 SWOT 分析法，如图 6-20 所示，以及 PEST 分析法，如图 6-21 所示，从政治、经济、社会、科技几个方面来阐述。

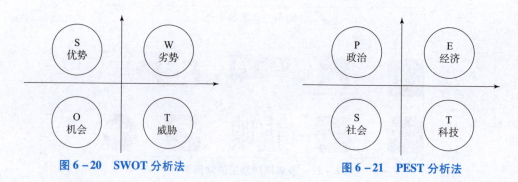

图 6-20　SWOT 分析法　　　　　　　　图 6-21　PEST 分析法

但是，这里补充一点，我们最好能够从定性的分析，升级到定量的分析，也就是使用一些数理模型来推算，比如之前学过的层次分析法，这样能够让分析看起来更加有可信度。

2）竞品的产品设计分析

在产品设计环节，其包含的方向是比较多的，如图 6-22 所示，包括产品形态、逻辑构架、产品功能、交互评估、视觉评估等五个维度。

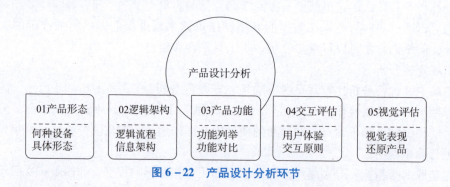

图 6-22　产品设计分析环节

这里的展开性很强，比如产品形态，我们在项目四产品运营中就讲过从五种维度区分产品形态。在逻辑构架中，我们也可以使用项目五中学到的流程图来绘制产品逻辑，还可以使用产品地图来分析产品的主要功能。

这时很多同学就觉得无从下手了。我们在最开始时学过，竞品分析要根据目标来明确分析的方向和侧重点。因此并不需要在每一次竞品分析时，都完成全部的内容。同时，产品设计更多的是产品经理的工作职责，产品运营更加侧重于其他维度的辅助性工作。

因此，产品运营只需要了解产品设计都包含哪些内容，以及它们的基本内涵，并能够读懂产品经理最终输出的分析报告即可。下面为感兴趣的同学推荐了一些书籍，如图 6-23 所示，这些书籍是运营人员在产品设计方面的必修课，同学们也可以在项目拓展中下载更多产品运营的资源，自行学习。

3）竞品的核心策略分析

针对竞品的核心策略，我们要侧重分析竞品的商业模式、运营策略和公司战略。如图 6-24 所示。

图 6-23 产品运营推荐书籍

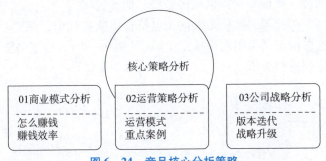

图 6-24 竞品核心分析策略

①商业模式分析。

其定义一直众说纷纭,这里我们可以简单理解为三个层面:

第一个层面回答项目如何赚钱,也就是"营利模式"。

第二个层面回答靠什么样的方式去服务用户,也就是"服务模式"。

$$商业模式 = 营利模式 + 服务模式 + 组织模式$$

第三个层面回答如何聚集起自己的用户,怎么把规模做大,也就是"组织模式"。

也就是说,我们需要清楚竞品是怎么赚钱、怎么服务用户、怎么聚集用户的,然后横向对比我们的产品是否有可以借鉴的地方。

②运营策略分析。

我们分析清楚竞品宏观层面的构架之后,还要看一下,竞品在具体项目执行落地时,使用了哪些运营策略和手段。我们需要关注的内容如图 6-25 所示。

> ➢ 运营模式:分别分析对内容/用户/活动/数据等方面的运营点
> ➢ 渠道资源:渠道资源如何,渠道效率如何?
> ➢ 营销策略:哪些策略和方式,应用效果如何?
> ➢ 重要活动:活动案例,效果评估
>
> 运营是强大的软实力,差异化的重要手段

图 6-25 竞品分析运营策略分析

一个公司的运营能力是公司的软实力,也是产品差异化的重要手段,这里推荐同学们阅读《周鸿祎自述》(见图6-26),这本书被誉为互联网思维第一书。

③公司战略分析。

在公司战略层面,想要挖掘竞品公司的战略其实是很难的,因为竞品公司肯定不愿意公开。通常我们只能通过产品的迭代过程中对比产品功能更新的内容来一点点挖掘,以此来发现一些端倪。

图6-26 《周鸿祎自述》

我们观察微信的版本迭代过程就会发现:微信最初只是一个交流沟通的工具,之后,随着朋友圈和公众号的诞生,演变成一个社交平台。然后,微信开始提供城市服务,如支付煤气水电费,它变成了一个连接器。即便是微信,也是在不断迭代中,调整自己的战略方向的,如图6-27所示。这里推荐同学们阅读《定位》(见图6-28),这本书能够帮助同学们了解如何对公司的战略定位进行分析。

2011.1	2011.5	2011.8	2011.10	2011.12	2012.4
1.0版本	2.0版本	2.5版本	3.0版本	3.5版本	4.0版本
文本消息、手机通讯录	语音对讲	附近的人	摇一摇、漂流瓶	二维码	朋友圈

图6-27 微信版本迭代

4)撰写竞品分析报告

在撰写竞品分析报告时,一定要做到灵活安排,突出重点。正如前文所述,报告的对象不一样、目标不一样,报告内容也是不同的,所以要灵活安排,千万不要完全照搬模板来写,不然大部分内容可能都是无效输出。但还是有一个非常好的标准化模板可以供同学们参考,如图6-29所示。

图6-28 《定位》

第一点,分析背景,在上一节中我们已经分析如何弄清楚分析背景和目标了,这里不再赘述。

第二点,竞品对象,就是我们分析的竞品是谁,这里补充一点,我们分析的竞品可以是一个,也可以是多个。

第三点,竞品分析,包括定位和功能、设计和技术、运营及商业化、用户数据、核心策略分析,这些前面已经详细介绍了,但是前面还有一点没提到,就是优缺点的总结和借鉴。其实在前面每一个步骤的对比分析中,在跟自己的产品进行对比分析时,我们都能够得出一些优点或者缺点,以及这些优点和缺点对我们的指导意义是什么,我们还有哪些可以优化或差异化的做法等。

```
• 一、分析背景                    • 2.营利模式
• 二、竞品对象                    • 3.市场推广
• 三、竞品分析                    – 3.4 用户数据
   – 3.1 定位和功能                  • 1.用户数量和活跃度
      • 1.产品定位（目标人群/市场定位）   • 2.转化率、健康度
      • 2.产品功能（罗列和对比）        • 3.在线时长
   – 3.2 设计和技术                  • 4.地域差异
      • 1.交互和体验（用户体验要素）    – 3.5 核心策略分析
      • 2.视觉和风格（视觉评估，风格调性）  • 1.版本迭代和演变
      • 3.亮点功能和核心技术          • 2.公司战略
   – 3.3 运营及商业化                – 3.6 优缺点总结和借鉴
      • 1.运营模式              • 四、总结
```

图 6-29　竞品分析模板

第四点，总结，包括我们通过前面的分析得出了哪些结论、应该怎么做等内容。这一部分才是领导最爱看的。通过前面的分析，我们得出了什么结论，到底应该怎么做？这才是最考验人的地方。这是别人教不了的，也是无法抄袭的，如果同学们按照老师的流程真正地做一次竞品分析，一定收获不小。但切记，重要的是思考，是分析过程，是你的结论，格式本身并不重要，只要你勤快一点，都能做出来，不具备不可替代性。同样的分析内容，不同的人做出来结论是千差万别的。同学们也可以多去看看别人的分析报告是怎么做的，作为参考，多多练习。

另外，在职场上，如果进入了瓶颈期，不知道该如何突破自我时，同学们也可以用竞品分析的方法，来对比自己和更优秀的同事，看看究竟在一些具体项目的执行中，哪些细微的区别导致了结果上的不同。

【素养提升】卷不动、躺不平，怎么破

我们常说，人与人的竞争是无处不在的，有的同学比较排斥竞争，觉得压力太大了。现在网络上有一个很火的词：内卷。很多同学觉得这是过度竞争导致的，为了逃离内卷，很多人选择了躺平、佛系，我不竞争了，我也不结婚了，不生孩子了！其实，我们只是混淆了竞争与竞品。竞争思维与竞品分析的区别如图 6-30 所示。

【素质】卷不动、躺不平，怎么破

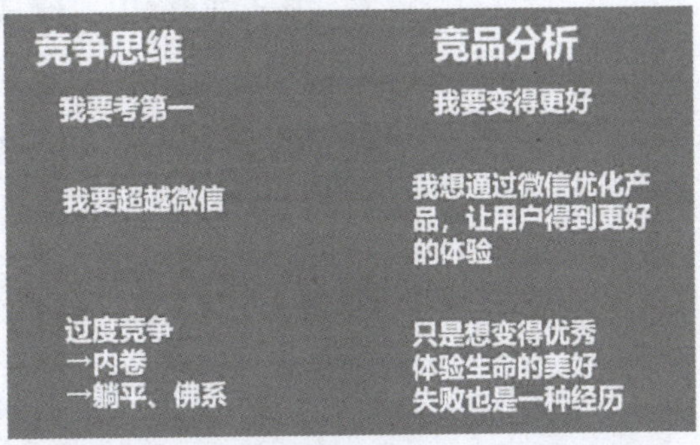

图 6-30　竞争思维与竞品分析的区别

竞争的确会给我们带来很大的压力，但这个压力来自你把竞争当成了目标，这其实是不对的。

竞争无处不在，所以竞争只是一种状态。我们在竞争这种环境下，通过竞品分析的方法，把更加优秀的人作为对标的竞品，以竞品分析的思维去吸取对方身上优秀的特质，不断地优化、迭代自身的问题，最终，让自己变得优秀才是真实的目标，而不是我要考第一。

这就好比，一家做社交软件的公司，如果是竞争思维，目标就是要超越微信，这是非常难以实现的。但是，如果以竞品分析的思维来看待微信，只是想学习微信上做得好的地方，不断改良自己的产品，让自己的用户得到更好的体验就可以了。

如果我们把竞争作为目标，认为逃离内卷，唯有躺平、佛系，这其实是一种避世的思维。当我们把竞争思维切换成竞品分析时，我们只需要以竞品思维学习他们，让自己变得更加优秀就可以了。甚至结婚、生孩子只是我们选择的一种生活方式，并不需要有一个大钻戒来证明我们的爱情，不要求我们的孩子要比别人优秀，比别人有钱，比别人住的房子大，他只是来到这个世界上，体验生命的美好就可以了。当然，美好的生活需要他不断努力，以积极的心态去面对世界，哪怕遭遇挫折、失败，也只是人生的一次经历。这时，压力减小，焦虑也就减少了。

如果你每天都在寝室里打游戏、刷抖音、看综艺，但你的室友在一次次失败后，难过、伤心，然后再一次次爬起来继续奋斗时，你内心难道没有一丝羡慕吗？因为当你选择躺平和佛系时，你成为生命的过客，只能默默看着这个世界的起起伏伏，却与自己毫不相干。

而你的室友，却用尽生命去拥抱这个世界，你会笑他傻，但他总是傻得那么耀眼。最后，将一首《孤勇者》（图6-31）送给每一位同学！

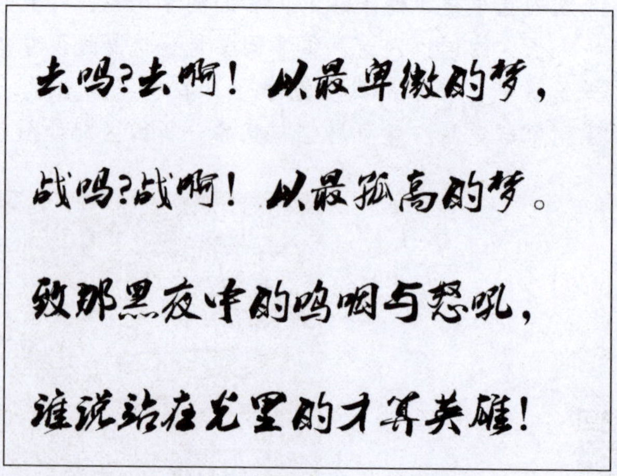

> 去吗？去啊！以最卑微的梦，
>
> 战吗？战啊！以最孤高的梦。
>
> 致那黑夜中的呜咽与怒吼，
>
> 谁说站在光里的才算英雄！

图6-31 《孤勇者》歌词

(3) 竞品分析法——SWOT + TOWS 分析法

竞品分析的方法有很多种，这里介绍一个比较常用且简单的方法：SWOT + TOWS 分析法——挖掘运营的机会。

SWOT + TOWS 分析法是适合快速判断项目是否可执行，并挖掘运营中的机会的简易工具。我们先来看一个案例：

2.3.3 SWOT + TOWS 分析法

> **案例导入**
>
> 一位程序员朋友想创业，打算自己开个编程培训班，但迟迟下不了决心。他想让我帮他分析一下，看看他能不能创业（见图 6-32）。
>
> 我问了他第一个问题，你的优势是什么？
>
> 他说他使用一种编程语言特别厉害，在国内都数一数二。
>
> 然后我问了他第二个问题，现在创业的话劣势是什么？
>
> 他说没钱没名气，也不懂运营。
>
> 第三个问题是，现在有什么好机会吗？
>
> 他说，现在越来越多的公司开始重视这种编程语言了，这是一个很大的风口。
>
> 第四个问题是，现在竞争对手是什么样呢？
>
> 他说现在网上已经有很多同类的课程了，而且有几个大的培训机构也开了这门课。
>
> 说到这里，不去考虑其他的因素，就以目前的这些信息而言，大家觉得他应不应该去创业？

图 6-32 创业分析

遇到这种不知道该从哪儿下手的问题，我们就可以使用 SWOT 分析法了。SWOT 分析法和应用场景如图 6-33 所示。

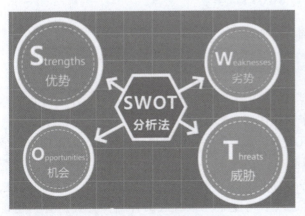

图 6-33 SWOT 分析法和应用场景

SWOT 分析法是指从内部出发的 S（Strengths，优势）、W（Weaknesses，劣势），从外部出发的 O（Opportunities，机会）、T（Threats，威胁），这四个方面构成的框架分析法。

其应用场景主要分为两个方面：一是信息的收集和整理；二是战略分析和规划。

这里需要注意的是，对于策略制定和规划来说，需要和 TOWS 工具配合使用，这样就衍生出个人和公司的应用场景。

对于个人来说，主要应用在个人的自我剖析、个人发展规划、职场日常的策略制定以及创业项目的评估上。

那么在公司里面，主要用在分析数据的收集和整理、公司战略策略的制定以及新项目的投资评估上。

SWOT 的呈现形式是经典的二乘二矩阵框架，包含核心三要素，如图 6-34 所示。

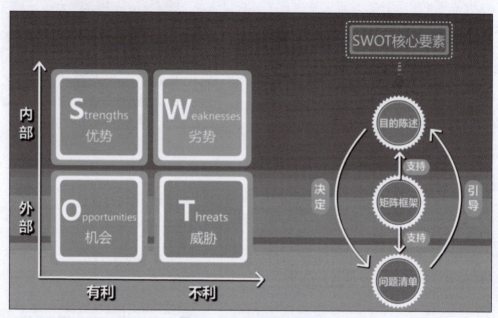

图 6-34　SWOT 核心要素

第一个要素是目的陈述，也就是明确分析的目的；

第二个要素是刚才提到的框架结构；

第三个要素是为了呼应目的。

每个象限背后都有问题清单，可以说目的决定了问题清单的构成，问题清单引导我们达成分析的目的，而矩阵框架在其中起到了支撑作用。

将根据目标收集到的信息整理到 SWOT 分析框架里，利用 TOWS 分析法就可以构成六个框架，以此来探寻运营的策略。其实用起来也很简单，就以案例中的这件事来说，先把 SWOT 分组，得出六个角度，分别是优势和机会、优势和威胁、劣势和机会、劣势和威胁、优势和劣势、机会和威胁。然后我们对这六个角度做一个直观的评估，看看是有利还是不利。

①优势和机会。有数一数二的技术实力，现在又有风口，这两项合在一起看，肯定是有利的。

②优势和威胁。对编程培训来说,是一流的技术重要,还是规模重要?技术显然更重要,毕竟做编程培训比拼的是谁的技术更好,而不是谁的规模更大,所以这一项也是有利的。

③劣势和机会。想创业但没有资金,没有名气,也不懂运营,这可是致命伤,即使有风口也弥补不了这种缺陷,所以这一项肯定是不利的。

④劣势和威胁。和规模大的公司比,资金、名气和运营肯定是不利的。

⑤优势和劣势。没钱可以借钱,没名气可以打广告,不懂运营可以招人,但一流的技术可不是一朝一夕能够掌握的。这么看的话,优势显然大于劣势,所以这一项也是有利的。

⑥机会和威胁。"风口来了,猪都能飞起来",虽然有几个大公司在做编程培训,但总的来说,每个参与者都有机会,所以这一项也是有利的。

如图 6-35 所示,通过 SWOT + TOWS 分析法,我们可以判断,开编程培训班的项目利大于弊,是可行的。

图 6-35　SWOT + TOWS 分析法

（4）竞品分析法——PEST 大环境分析法

通过 PEST 大环境分析法,寻找运营失败的原因。同样还是通过案例来学习。

2.3.4　PEST 大环境分析法——
寻找运营失败的原因

案例

我有个朋友是一家 IT 培训公司的老板,前几天刚做了手术,去看他的时候就问他上个月还好好的,怎么突然就病了?

他说他从 2019 年开始就每天焦虑,掉头发,吃不下饭,睡不着觉,还经常做噩梦。一直到最近,终于扛不住,病倒了。

我说你这个症状是不是肾透支了?他说是心透支了。

> 从 2019 年到现在短短的四年时间里，IT 培训行业雪崩。一大半公司倒闭的倒闭，欠债的欠债，跑路的跑路，他的公司也是平均一个月亏掉一套房子。半年没有进账，他就想不明白，从 2015 年开始，学 IT 的人开始增多，基本上不用宣传就能班班爆满，到了现在，都说毕业即失业，大学生不好找工作，可是 IT 培训行业薪资这么高，怎么就没什么人来学了？一切反转得太快，已经超出了他的认知，整得他现在开始怀疑人生了。
>
> 其实对一个商业问题，不管是懂的还是不懂的，不管是内行还是外行，都能给出一个自己的答案。区别是外行靠直觉，而内行靠工具，这就导致外行得出的结论可能千差万别，但因为内行用的工具是一样的，所以结论基本上一致。
>
> 面对这个朋友的疑惑，我和他说，用 PEST 分析一下就很容易找到答案了。

PEST 分析法如图 6-36 所示。它用四个词给我们提供了一个分析成败的方法。P 是政策法规，E 是经济现状，S 是社会道德，T 是技术发展，从这四个方面就可以快速判断一件事或者一个公司的成败。

图 6-36　PEST 分析法

简单来说，就是要想成功，就要做到不违法、能赚钱、三观正、技术强。

首先问他，你们公司有没有什么违反政策法规的地方？他想了想说，之前做过给学生贷款交学费的事，后来因为校园贷事件，这种贷款就被禁了。

这就是 PEST 中的 P，即政策法规。这么看，显然他的公司之前有做得不对的地方。

又问他现在 IT 公司的日子好过吗？他说惨死了，整个 IT 行业都在裁员。之前，随便搞几百万元的风投就能开公司，现在这些投资公司自己都没钱了，这就让很多 IT 公司的资金链断了，他们一没钱也就不招人了。

这就是 PEST 中的 E，如果行业经济现状不好，学生参加培训班可能也找不到工作，那谁还来报名呢？

再问他，你们公司有没有什么见不得人的事？他说，其实也没什么大事，要说的话就是学生找工作时会编一编简历，写上三年工作经验什么的，这样工资能高不少。

这就是 PEST 中的 S。现在全社会都在鼓励诚信道德，这种不诚信的做法确实会让大家比较反感。

最后问他，现在你们教做的技术和 2015 年有什么不一样吗？他说没什么不一样，编程语言能讲的只有那些内容，况且就培训四五个月，能教的东西很有限。

听他这么说，看来这些年他们公司在技术上也没有什么发展了。

从 PEST 的四个角度看，我们很容易就能发现这家公司失败的原因了。PEST 分析法如图 6-37 所示。

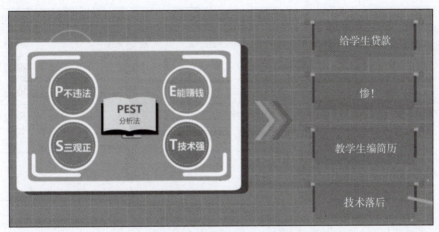

图 6-37　PEST 分析法

PEST 分析法不是什么高深的道理，但它为我们提供了一个看待问题的视角，在我们找工作或者策划运营项目时，都可以用到。

对趋势判断感兴趣的同学，可以读一下何帆写的《变量1》和《变量2》（见图 6-38），这套书里介绍了很多我们还没有意识到但正在快速发生的新趋势。就像罗振宇说的那样，我们正在经历一场社会经济环境的巨变，旧物种灭绝，新物种诞生，这是我们做出重大选择的关口，是继续困在水里，还是变成一条上岸的鱼？

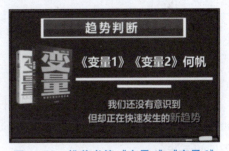

图 6-38　推荐书籍《变量1》《变量2》

2.3.5　企业实战演练-
6. 通过竞品分析优化产品

4. 项目策划

项目策划书

项目六　产品竞品分析		
项目名称	根据渠道策略，进行竞品分析	
项目目标	针对前一项目所选渠道，选择对标竞品，通过竞品分析，运用结构化思维，把错综复杂的事情有效整理并阐述出来，最终修正自身的渠道运营策略	
项目说明	1. 选择与渠道相关的竞品； 2. 从 7 大维度对竞品进行全方位剖析； 3. 制作竞品分析报告，并最终指导修正渠道运营策略	
项目工具	Teambition	项目时间	120 分钟（包含课后）

续表

项目管理流程					
序号	任务名称	说明	负责人	KPI	时间
1	明确产品定位	与企业导师沟通	队长	1分	20分钟
2	选定竞品	根据定位确定	成员A	1分	20分钟
3	建立竞品分析矩阵	直观对比某个功能	成员B	1分	20分钟（并）
4	用户体验地图	发现用户痛点	成员C	1分	20分钟（并）
5	绘制精益画布	分析商业模式	成员D	1分	20分钟（并）
6	竞品雷达图	竞品功能对比	成员A	1分	20分钟（并）
项目评审（10分）					
企业点评（40%）					
教师互评（10%）					
小组互评（20%）					
小组自评（20%）					
自评（10%）					

5. 项目执行

打开网址进入虚拟仿真实训平台：http://xnfz.lnve.net：9003/#/projectDetails?courseid=882。

Teambition项目执行流程示意图，如图6-39所示。

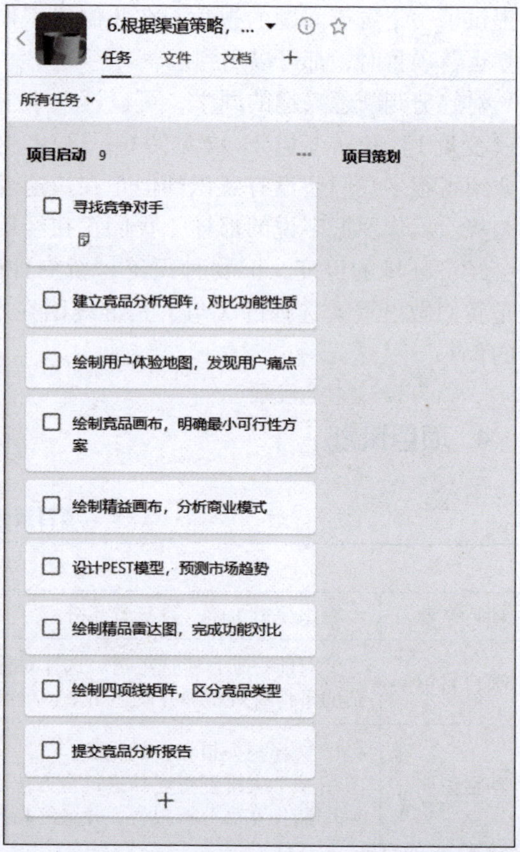

6. 项目监控

产品竞品分析结合项目监控是一个持续优化的过程，旨在确保产品在市场竞争中保持优势，同时确保项目按计划顺利进行。我们可以通过Teambition监控任务完成情况。

（1）【单选题】竞品画布适用于解决以下哪个问题？（　　）

A. 直观对比产品的某个功能

B. 发现用户痛点

C. 最小可行性方案

D. 分析商业模式

图6-39　Teambition项目执行流程示意图

正确答案：C

（2）【单选题】竞品雷达图适用于解决以下什么问题？（   ）
A. 预测市场　　　B. 竞品功能对比　　C. 区分竞品类型　　D. 分析商业模式
正确答案：B

（3）【判断题】当自己不知道产品的问题是什么或者想避免自己的产品在产品体验上犯同类错误时，可以使用用户体验地图，这算是一种寻找产品问题、用户痛点的方法。
正确答案：√

（4）【判断题】在产品运营中，对比表格法的意义在于分析前模拟一个用户的视角去考虑用户要什么，梳理出产品场景中可能存在的问题，然后精准地找到这个用户的痛点。
正确答案：×

（5）【多选题】产品运营经理需要掌握以下哪些技能？（   ）
A. 竞品分析　　　B. 层次分析法　　　C. 绘制产品地图　　D. 数据分析能力
正确答案：ABCD

7. 项目评审

过程考核表			
项目名称	根据渠道策略，进行竞品分析		
项目类别	项目策划类	项目总分	10 分
项目评分标准			
序号	任务名称	任务要求	项目得分
1	明确产品定位	与企业导师沟通	1 分
2	选定竞品	根据定位明确	1 分
3	建立竞品分析矩阵	直观对比某个功能	1 分
4	用户体验地图	发现用户痛点	2 分
5	绘制精益画布	分析商业模式	1 分
6	竞品雷达图	竞品功能对比	1 分
7	生产竞品分析报告	协同完成	2 分
8	项目展示	区分竞品类型	1 分
项目评分得分（10 分）			
企业录取（40%）			
教师点评（10%）			
小组互评（20%）			
小组自评（20%）			
自评（10%）			

8. 项目拓展

扫描二维码领取拓展资源

2.3 "董宇辉" IP 生态行业报告

模块三　内容运营

项目七

什么是内容运营

项目结构

任务 7.1　什么是内容运营
任务 7.2　内容的使用场景
任务 7.3　内容运营岗位职责

任务目标

素质目标	1. 保持对热点事件的敏感性
	2. 实现从量变到质变的积累
	3. 学会以终为始、以行为知
	4. 学会守正笃实、久久为功
	5. 学会守其初心、始终不变
知识目标	1. 加强内容运营底层认知
	2. 建立内容运营基本思维
	3. 明确内容运营岗位职责
	4. 掌握项目流程管理图的绘制方法
	5. 提升团队监管能力
能力目标	1. 深刻理解内容运营系统搭建的底层逻辑
	2. 能够根据岗位职责和自身能力规划职业发展
	3. 能够绘制项目流程管理图

1. 项目导入

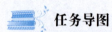 **任务导图**

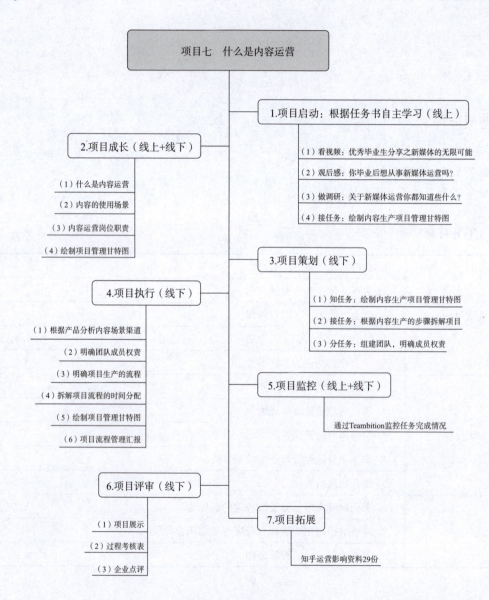

2. 项目启动

序号	任务	内容
1	看视频	【视频】优秀毕业生分享之新媒体的无限可能 扫码观看视频： 3.1.1 项目启动－优秀毕业生分享之新媒体的无限可能
2	观后感	【讨论】你毕业后想从事新媒体运营吗？ 你对新媒体是否感兴趣？ 你想从事新媒体运营的什么岗位？
3	做调研	【问卷】关于新媒体运营你都知道些什么？
4	接任务	【任务】绘制内容生产项目管理甘特图

3. 项目成长

欢迎来到互联网运营第三大模块——内容运营。在之前的学习中，我们知道，产品运营、内容运营和用户运营是互联网运营的三个核心岗位。

上一模块我们已经学习了产品的形态、分类、生命周期、业务流程和竞品分析等内容。当产品基本搭建好之后，我们就要在产品上填充内容了，最后再把承载着内容的产品呈现给用户。

因此这一项目我们来学习内容运营的基本内涵、使用场景、工作职责、内容的策划与生产、内容的传播与推广，并对内容进行评估，最终实现引爆用户增长。

3.1.2 知识点－内容运营初阶－
1. 什么是内容运营

（1）什么是内容运营

①什么是内容运营？

第一个问题：什么是内容运营？在讲清楚内容运营之前，我们首先要明白什么是内容，然后我们才能明白内容运营是什么，以及我们做内容的常见模式有哪些。

这里问同学们一个问题，图7-1中常见的APP，哪一个是没有内容运营的？

其实任何一款APP都是包含内容的，哪怕是导航系统，也会有搞笑的配音。比如电视剧《狂飙》爆火之后，百度地图就制作了大嫂语音包和贾冰语音包，效果瞬间拉满，而这些搞笑的语音也是内容的一种形式。从内容的维度区分APP如图7-2所示。

有的产品以内容为主：比如抖音、爱奇艺、知乎、小红书、哔哩哔哩、豆瓣、微博，用户打开APP，主要就是来消费这些内容的，通过内容与用户产生连结。

而有的产品以内容为辅：比如微信公众号、淘宝店铺里的产品详情页、高德地图中的旅

图 7-1　常见 APP

图 7-2　从内容的维度区分 APP

游推荐、QQ 音乐中的榜单推荐、钉钉中的职场学堂、学习通里的课程，甚至美团外卖中好看的食物照片。

任何 APP 都有自己主打的产品功能，内容只是锦上添花。几乎手机中的所有应用都有内容，都离不开内容。内容运营的意义如图 7-3 所示。

从互联网刚刚诞生的 1.0 门户网站时代，到现在 3.0 时代，甚至马上要到 5G 的时候，内容从未褪色，甚至一波一波地在不同的平台上崛起。比如抖音上的网友、哔哩哔哩上的百大 UP 主、微博的红人、知乎的大 V、优质的公众号等，让一波一波名不见经传的普通人，实现了财务自由。

因此，内容是生生不息的。那么我们回到首先要弄明白的问题上来，什么是内容？如图 7-4 所示。

内容运营基本上是每个产品都需要的**基础**运营工作，也是移动互联网运营中最**常见**的运营工种

图 7-3　内容运营的意义

信息的组织形式就是**内容**

内容形式：文字、图片、视频、音频、直播等

图 7-4　内容的形式

②为什么内容对我们很重要？

这里我们思考一个问题，为什么说内容是生生不息的，因为它有着最强的生命力吗？为什么内容对我们如此重要呢？

可能有同学说，我们需要信息的沟通。这是一个人人都在讲传播的时代，任何人都有制作内容的能力，可以让我们不管处于什么行业，从事什么职业，都能有效扩大声量，积累自己的人气，提升影响力。

为什么说内容会越来越值钱？因为人类是无法离开内容的。

比如，国外有个小黑屋实验挑战，就是一个人进入一个全黑的房间，没有光，没有声音，但是给挑战的人充分的食物，以及玩具、笔、本等用品，让挑战的人可以安全、持久地生活在里面。结果大部分人在24小时内，都退出了实验，有一个人坚持到了40个小时的时候，出现了强烈的幻觉，就像是睁着眼做噩梦，他感到筋疲力尽，他的大脑一边告诉他这里很安全，一边却疯狂地告诉他这里很危险，赶紧逃走，最终挑战失败。

当把实验时间延长到一周、一个月时，只给挑战的人食物，能活着，但是完全没有任何信息摄入、没有社交，除了自己的声音，他感知不到任何其他的事物时，他可能就崩溃了。可见信息对人类是多么重要。

第二个问题，什么生意是这个世界上最赚钱的？

有人会说满足人类欲望的生意，所谓食色性也。但其实，人类的基础欲望是很容易得到满足的。比如吃，我们吃多了就饱了。再如喝可乐会让人很开心，但是如果有十瓶我们也很难喝下去。

但是我们的大脑总是喂不饱，我们的大脑永远渴求更新鲜、更刺激的信息，所以这就是做内容生意永不过时的原因。

还是以吃为例，我们吃不了一天，再好吃的东西也不能一直吃下去。但是刷手机，只要有好玩的东西，我们感兴趣的内容，就能一直刷下去，而不愿放下手机。那什么时间我们才会停下来呢？

第一，我们觉得累了，没时间了，就会停；第二，手机给我们提供的内容没意思了，不好玩了，就会停。

所以为什么内容值钱呢？因为人类永远都在追逐更加新鲜有趣的内容。

其实无论我们什么时候进入内容运营领域，都不过会时，只要我们能找到很有意思的点。

这就是内容长盛不衰的原因，也是现在互联网上虽然有很多人已经将内容做得很火，但还有那么多人争先恐后去学习内容、接触内容的原因。即内容是人类最基础的需求和欲望，而人类永远都渴求更新鲜、不一样的内容。

明白了内容，接下来我们来看看什么是内容运营。

③内容运营的定义。

内容运营是指通过对文字、图片、音频、视频、直播等内容信息的生产、编辑、组织，给用户提供一定价值，从而提升产品价值的运营工作，如图7-5所示。

> 内容运营是指通过对文字、图片、音频、视频、直播等内容信息的生产、编辑、组织，给用户提供一定价值，从而提升产品价值的运营工作

图7-5 内容运营的定义

因此，内容运营的本质就是将内容呈现给用户的一个过程，这个过程分为内容的生产、呈现、营销三个步骤，如图7-6所示。下面以某公司推广新款口红为例来解释。

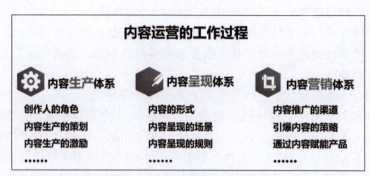

图7-6　内容运营的工作过程

第一，内容的生产：在内容生产过程中，首先要明确内容生产者的角色，比如我们是找网红还是找专家来写内容；然后和网红或专家来策划内容的生产；还要考虑如何激励网红或专家写出好的内容。

第二，内容的呈现：要明确内容的形式，即用视频还是文章效果好；选择呈现的场景，是在公众号里还是在抖音里传播；以及呈现的规则及条件，内容达到什么标准，才能推广给用户，或者几点发布内容。

第三，内容的营销：在这里，我们要明确推广的渠道；如何引爆内容，可以让其他名人转发我们的内容；以及怎么让这个文章或视频最终导入用户来买我们的口红。

这些其实都是内容运营人员的工作内容。

④运营常见的模式。

首先按照用户对内容的需求来划分，产品可以分为四类，如图7-7所示。

图7-7　用户对内容的需求

第一类，获取资讯。

比如，你通过网易新闻、今日头条甚至微博来了解世界都发生了什么；你喜欢体育，想知道什么时候球队有比赛；你想通过keep了解健身的一些科普知识，让自己更加科学合理地健身。

第二类，打发时间。

我们在地铁上或者睡觉前，有很多空闲时间，想放松放松或者打发时间，开心一下，可能第一时间就想打开抖音、糗事百科等。

第三类，深度阅读。

有很多人想利用碎片化的时间，学习研究一些有深度、有内涵的知识，或者想看看大家对同一个热点事件的看法，而不是哈哈一乐，乐完什么都不记得了。这时他们就有了深度阅读的需求，如知乎、36 氪、人人都是产品经理非常好的深度阅读类产品。

第四类，消费决策。

假如我们想买一款粉底液，但是不可能把所有的粉底液都试一遍再买，这时就需要找一些有经验的人或者专家帮我们做出更好的选择，消费决策类产品比较常见的是小红书；比如当我们想装修时，可以下载"好好住"等装修类 APP，可以看到各种装修风格的实际效果，同时能很好地帮助我们避坑，免得装修好之后，才发现问题很严重。

> 【思考】不同类型的产品，其消费者核心诉求是什么？
>
> 获取资讯类产品最重要的是什么？即更新及时，信息准确。
>
> 打发时间类产品呢？即有趣好玩，人设清晰。为什么是人设呢，因为当你想听潮流音乐时，你会打开抖音；如果你想看搞笑视频，你会打开快手，你想看帅哥美女，你可能去看创造 101 了，所以我们的产品要给用户一个清晰的人设，让用户想做点什么时，就能想起我们的产品。
>
> 深度阅读类产品呢？即内容丰富、细分需求、专业质量。
>
> 消费决策类产品最重要的是内容要全面且详细，其次就是可信赖，让用户相信听我们的没错。

当我们从生产方式来划分，内容可以分为 UGC、PGC、PUGC 和 OGC。这些在产品业务类型及形态里已经学过了，这里不再赘述。

只额外提一个新名词，OGC。它本质上和 PGC 是一样的，都是专业创造内容，唯一的区别在于，OGC 也是请专业人士发布内容，但是他们本质上不属于公司成员，他们在平台申请发布内容，审核通过后，可以获得劳动报酬。

以淘宝大学为例，假如你是某公司的大师，做了一个系列课程，放到淘宝大学里，制定 200 元的价格，每个来学习的人都需要交 200 元，这是有报酬的。

而 PGC 要么是公司的自有员工创作内容，要么是专家出于自身的爱好义务贡献自己的知识，形成内容。比如大学慕课，上面有非常多的课程，但老师们并不收费，因此是 PGC。

(2) 内容的使用场景

上一节我们明确了什么是内容、内容运营、内容运营的不同模式；接下来看一下内容都在什么场景下使用，以及不同场景下，内容的侧重点和运营策略。接下来我们将从六个方面来学习内容使用的场景，其本质上并不能涵盖所有的内容形式，因为内容的形式多种多样，也渗透在每一个角落里。内容使用场景如图 7-8 所示。

①APP 推送文案。

首先，当我们打开手机，首先映入眼帘的就是 APP 推送文案了，如图 7-9 所示。

APP 推送的优点：能够立即提高活跃度、交易量、互动量等指标；缺点则是：容易导致

1. APP推送文案
2. Banner文案
3. 社群文案
4. 公众号图文
5. 朋友圈文案
6. 商品详情页

图 7-8 内容使用场景

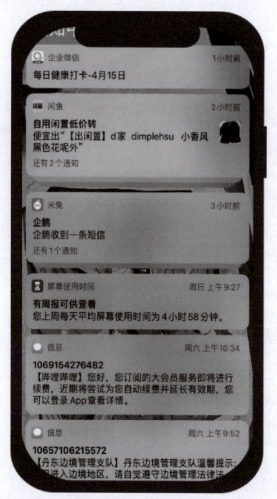

图 7-9 系统推送文案

用户反感甚至卸载 APP。

判断这一类文案质量的核心指标包括：

送达量：即一次推送的终端数量；也就是说，APP 推送了多少文案；

到达率：即推送到用户终端的成功率；我们知道很多人会屏蔽掉 APP 推送通知，因此只有很少的人能够接收 APP 推送；

打开率：即用户收到推送后点击文案的比率，大部分用户即便接收到通知，也不会打开。所以这种文案推广的效果非常有限。

手机 APP 推送文案包括以下三种类型：

第一，系统推送类文案。

通常是提醒用户服务状态的消息文案，如图 7-10（a）所示。比如，当我们开始使用滴滴打车时，滴滴就开始不停地给我们推送通知，告诉我们订单到达了、开始了、要结算了等信息。这类文案没什么技巧，只需要清楚准确地表达信息含义即可。最多就是提升文案的亲切感，例如，淘宝可以发个通知说：亲，您的快递包裹已经插上小翅膀非常努力地飞到您身边了,准备签收哦!这样看起来会更亲切。

第二,活动推送类文案。

比如各种节日、新人大礼包、宝贝降价活动等,常见于电商类产品的活动预热、开售、返场、优惠状态等信息。这种文案的核心价值在于引导用户点击并购买,因此第一时间先把活动原因说清楚,如图 7-10(b)所示。

图 7-10 APP 常见文案类型

(a)系统推送类文案;(b)活动推送类文案;(c)资讯推送文案

第三,资讯推送文案。

常见于今日头条、腾讯新闻、知乎、下厨房等内容型产品,核心在于第一时间表明内容的主题,如图 7-10(c)所示。

②Banner 文案。

以电商为例,我们策划一次常规活动,大约需要 2 个星期,准备活动的方案并落地执行。而策划一次大型活动,则至少要提前 2 个月开始准备,从方案的制定、商品采购、线上线下的分工到活动的招商等,这些复杂的工作,用户一概不知,而他们只会花 3 秒的时间看一眼活动 Banner,如果 Banner 无法吸引用户点击进入活动,那我们前期的一切努力就都白费了。可见 Banner 文案的重要性,它是将用户导流进来的钥匙。

一个 Banner 包括三个组成部分:文案、元素、背景,如图 7-11 所示。

我们将 Banner 简单分成了两类:

第一,产品宣传类 Banner:重点在于突出产品的卖点,用简洁的文案和大量的留白凸显产品的特征,让用户不由自主地被产品所吸引;

第二,活动交易类 Banner:主要是通过推广一些活动来促进真实的交易,表现形式以画

图 7-11　Banner 文案展示

面的饱和和冲击力为主，营造出热闹的气氛，标题要清晰地表明活动的用意，从而说服用户参加活动，达成交易。这类内容重点考核文案的转化率和成交金额。

③社群文案。

对于大部分企业而言，社群是微信生态下最好的营销阵地，背靠着微信十亿级别的流量，稍微用一些裂变套路就可以飞速拉起几千甚至上万的社群用户。但其实做过社群运营的人都知道，微信群好拉，真要实现运营转化却并不容易。

如图 7-12 所示，一个书店的会员服务群，群主希望提高社群转化率，让用户真的在群里买东西，那么他的文案都有哪些特征？

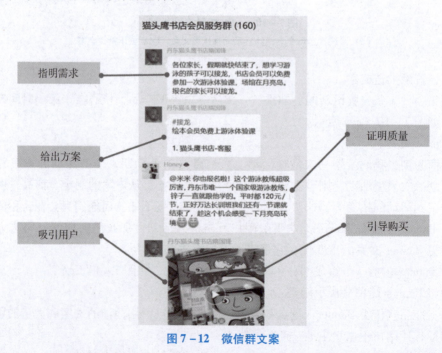

图 7-12　微信群文案

A. 吸引用户：比如群主会发布一些绘本故事小动画，让用户想看自己的文案；
B. 指明需求：群主会联系一些其他课程的免费试课机会，让用户能够在群里获得更多的服务，解决信息不同的需求；
C. 给出方案：接下来群主直接使用接龙的方式，让用户报名，直接解决问题；
D. 证明质量：群里也会有一些人帮群主说话，让其他用户相信这个方案是好的；
E. 引导购买：最终，群主通过引流到小程序，让用户立即下单购买自己的产品或服务。

当群里有很多人聚集在一起，通过一定的文案技巧，营造产品热卖的氛围，就放大了用户的"从众心理"。

④公众号图文。

公众号是一个非常庞大的概念，其中的文案甚至可以作为一门课程展开来说，但是由于时间所限，我们仅从文案撰写的目的，将文案分为商品销售类文案、既有阅读量又有转化率的文案和获取用户喜好的文案三类。

下面以丁香医生微信公众号为例进行介绍，如图7-13所示。丁香医生算是业内用内容赋能产品最典型的案例之一了。

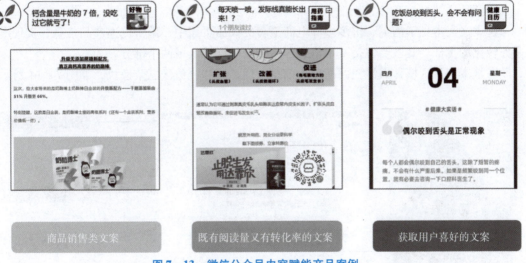

图7-13 微信公众号内容赋能产品案例

首先，商品销售类文案，最重要的不是你写作的工资，用词的美好，或者促销的套路，而是公众号文案的选题，从标题就可以直接表明产品销售的用意。但是他告诉你产品的钙含量是牛奶的7倍，不吃就亏了，让你觉得虽然他在卖东西，但是在为咱们读者着想。

其次，既有阅读量又有转化率的文案，这类文案的选题与产品的卖点必须高度一致。比如这篇文案，直白地问道：每天喷一喷，发际线真能长出来？相信发际线后移的小伙伴一定非常关注这类话题，他们会毫不犹豫地点进来，在理解头发生长原理之后，引出目前国际上唯一被FDA批准使用的防脱发药物，迅速来一波推广。被脱发困扰的小伙伴们真是分分钟被收买了。

最后，获取用户喜好的文案，即没有销售意图，公众号为了增强与用户的关联度，提升用户的忠诚度，至少应保证这一类的文案量不少于70%，否则容易让用户产生反感。比如

"吃饭总咬到舌头,会不会有什么问题"是我们生活中的一些小知识,也是用户关注公众号最希望获取的信息,这类文案就是要真正理解自己的受众群体的诉求。

⑤朋友圈文案。

朋友圈文案,顾名思义,就是在朋友圈里发布的推广图片、文字、短视频等内容。

可以说,发朋友圈是依托实体店开拓线上销售最常使用的手段了。比如在饭店吃饭,转发朋友圈赠送饮料一瓶。这种文案的特点十分突出。

A. 发布成本低:有一部智能手机就能发,可以说是所有推广渠道中最经济实惠的了。

B. 形式多样化:可以发布文案、图片、图文结合、短视频、站外链接、H5 小程序等。

C. 互动性强:作为文案发布者,可以随时与留言点赞者互动交流。

D. 目标人群精准:朋友圈属于熟人营销,用户和自己的层次、生活环境整体相近,推广起来更容易信任。

E. 易于传播和再创造:如果文案有趣或者和用户相关,往往能够引爆病毒式的传播。

基于以上特征,要在朋友圈中营造良好的个人口碑,比如对事物深刻的认知力、有趣积极的性格等,要尽量避免低俗段子、低质量的广告或者鸡汤文等内容。

⑥商品详情页。

这类文案常见于淘宝、拼多多等电商平台的商品页面中,用于传递产品信息,实现电商业务转化的重任。其主要包括基本信息区域和商品详情区域两个部分。

在基本信息区域,需涵盖商品基本信息、优惠区和服务区三个模块,如图 7-14 所示。

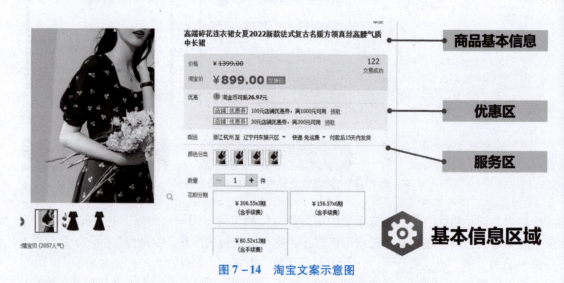

图 7-14 淘宝文案示意图

商品详情区域主要涵盖产品详细信息、产品展示和其他信息,如免责条款、物流、使用说明等信息,如图 7-15 所示。

在任何一款 APP 中,内容的形式和要求都是不一样的。本书只是简单介绍了最常见的文案使用场景。再如资讯类新闻、微博的撰写、娱乐类视频、销售类视频等,任何形式的输出,本质上都是内容使用的场景。

我们区分不同场景下的内容形式,本质上都是为了获取用户,提升转化率,在后面的视

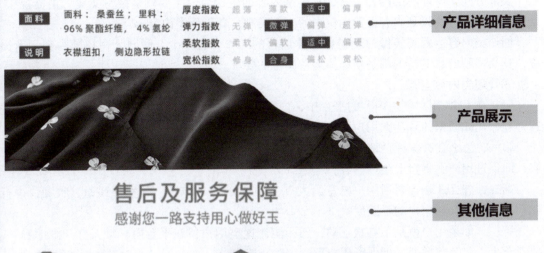

图 7-15 淘宝详情页文案示意图

频中,将从内容的生产、呈现、营销等多个维度介绍如何做出好的内容,并管理我们的内容。

【拓展小课堂】如何快速有效地提升我们的表达力呢?同学们可以扫描视频二维码,一起来看看怎样才能有效表达。

3.1.3 【素质】表达力

(3) 内容运营岗位职责

本节将介绍内容运营岗位职责,包括内容运营的岗位类型、结合招聘信息详细说明工作内容,最后盘点内容运营的技能要求和入门门槛等信息。

3.1.4 知识点-内容运营初阶-
3. 内容运营岗位职责

1) 内容运营的岗位类型

前文已经介绍了,信息的组织形式就是内容。互联网产品内容的形式包括文字、图片、视频、音频、直播等。

市面上主流的内容运营可以分为创作类和管理类两种,如图 7-16 所示。

图 7-16 内容运营岗位职责

①创作类内容运营。

大部分同学所理解的内容运营,其实是内容的生产者,主要就是撰写文案、拍摄视频、处理图片等。这些只是内容运营岗位中的一个类别,即创作类内容运营。

创作类内容运营其实做的就是新媒体运营的工作,有不少互联网公司招聘内容运营岗位,其实招聘信息上写的都是新媒体运营岗位的要求。

②管理类内容运营。

但是在 UGC 用户创造内容的平台中,内容运营岗位则要求你对用户生产出来的内容进行管理,比如微博的月活跃用户数达到了 5.7 亿,作为平台方就需要考虑以下几点:

第一,怎么让大家在微博上发信息,甚至邀请网红、专家、明星在自己的平台上输出内容,即促进用户在平台上生产内容;

第二,怎么才能让普通用户愿意给大 V 们创造的内容点赞、转发、评论、收藏,进行互动,即提高普通用户的活跃度;

第三,如果用户就是不喜欢互动,怎么能让这类用户留在平台内,每天打开微博看看,或者至少不要卸载微博,即保障用户留存,防止流失;

第四,可以通过智能 AI 和大数据算法,把用户喜欢的内容推送到其面前,即内容的推送机制等。

这些也是管理类内容运营的工作内容。管理类内容运营的工作更倾向于协助作者去生产内容,或者通过对网站、APP 内容的布局、设计、规则机制的制定,让内容更好地呈现在用户面前。

2)内容运营岗位工作内容

围绕内容的运营有四个主要职责,分别是内容的采集创造、呈现管理、扩散传播、效果评估。这其实就是一则内容从创造到被消费的整个过程。

我们可以把内容看成一杯奶茶。奶茶店每天都要采购一些原材料,然后客户点了一杯奶茶,奶茶店开始制作奶茶,这就是内容的采集和创造。

奶茶做好了,我们要把它送到客户面前,用户有可能是通过外卖平台点单,有可能是通过电话点单,还有可能是现场点单,我们要把客户点的奶茶精准地送到其手里,这就可以看作内容的呈现管理了。

等客户拿到奶茶,开始喝了,对应到内容工作上就是将制作好的视频或者编辑好的图片和文字发布出去,送到读者的面前。如果客户觉得好喝,决定下一次再买,甚至推荐给其他的同学,就等同于点赞、转发、收藏 + 评论,即内容的扩散传播。

最后客户喝完奶茶,外卖平台让你对本次的产品和服务打分,或者根据每月的奶茶销量判断用户的喜好,就是内容效果评估。

这么一解释,是不是内容运营的工作就很好理解了?

我们再来看看实际的招聘信息。

以"得到"这款应用为例,其主要是提供一些培训课程,即用于提升职场竞争力的课程类产品。其运营岗位招聘信息里就提到了工作职责,如图 7-17 所示。

其中,第一条和第二条工作职责其实对应的就是内容的采集和创造。你需要去找选题,寻找用户感兴趣的点,然后再制作成相应的内容去完成整个创作。

我们再来看小红书的招聘情况,运营岗位中提到的工作职责如图 7-18 所示。

工作职责：
1. 负责少年得到短视频账号的运营，策划并制定抖音、快手等短视频平台的内容输出；
2. 搭建少年得到短视频矩阵，根据不同用户的需求和内容特点，策划不同账号，持续输出少年得到优质内容；
3. 配合业务部门完成引流推广、直播等需求；
4. 对各短视频平台进行数据流量分析，实现有效运营及传播。

图 7-17　内容运营岗位采集和创造的工作职责

工作职责：
1. 负责打造小红书风格游戏/体育内容氛围，鼓励原创优质内容；
2. 负责站内外游戏电竞/体育赛事热点追踪，并结合实时内容引导社区氛围；
3. 负责挖掘小红书爆款内容，并策划社区活动扩大声量；
4. 负责运营并培育小红书游戏/体育品类KOL。

图 7-18　内容运营岗位管理呈现的工作职责

其中，第一条和第三条其实对应的就是内容的管理呈现。这个环节不是说你要发布多少条小红书笔记，而是说你作为社区的管理者，需要去鼓励用户，让更多的小红书用户生产相应的内容。

如图 7-19 所示，对于内容的扩散传播部分，美团内容运营岗位的工作职责中就提到了。

工作职责：
1. 负责公司微信公众号的运营，包括选题、撰写，以及后台维护编辑、排版发布装饰公司及餐饮公司的公众号文章；
2. 熟悉公众号相关规则，敏锐捕捉热点，撰写优质、高传播性的原创内容；
3. 负责公众号的运营维护、日常更新组织和编辑优质内容，提升公众号的可读性、传播性、影响力和关注度。

图 7-19　内容运营岗位扩散传播的工作职责

其中，第二条和第三条表明，内容运营的工作其实是在研究不同平台的机制规则，让我们所发布的内容能够得到更广泛的传播。

最后就是内容的效果评估，如图 7-20 所示。其实就是对发布活动内容产生了多大的影响进行一个准确的判断。

做好数据回收和监控，分析相关数据，有针对性地提升运营效果及用户体验，持续优化内容方向及推荐策略，为内容数据指标、结果负责。因此，要求同学们"脑洞大，思维活跃，有创新能力以及数据分析能力"，并且"精通数据表格，熟练使用数据分析运营相关操作软件"。

> **工作职责:**
> 1. 监测统计公众号文章数据,收集用户反馈,提升用户体验。
> 2. 进行竞品分析和数据分析,优化运营效果。
>
> **任职条件:**
> 1. 脑洞大,思维活跃,有创新能力以及数据分析能力。
> 2. 精通数据表格,熟练使用数据分析运营相关操作软件。

图 7-20 内容运营岗位效果评估的工作职责

3)内容运营技能要求

最后来简单说说,如果想要成为内容运营,我们需要跨过哪些门槛。

第一,对内容的积累与沉淀。要成为内容运营,你需要在某个领域或者是某个行业有一定的积累和沉淀。

假如你要去丁香医生公众号做内容运营,那你肯定要懂一些医学知识,否则就很难去创作,或者管理有一定专业度的内容。例如哔哩哔哩这类文娱平台,一些特定的内容岗位就要求对影视领域有浓厚兴趣,了解国内外的影视作品或者热爱动漫和二次元,熟悉动漫行业的现状。

第二,熟悉不同内容平台的传播规律。不同平台网站的内容传播机制有很大的区别。

例如微信公众号这样的平台,只有粉丝才会看到你所发布的文章,圈子是相对封闭的,属于私域流量;而微博和知乎等平台则更像是一个广场,具有话题性的事情,很容易在热搜和热榜上出现。抖音和快手则是通过强大的算法,直接把用户想要的内容分发下去,让我们打开 APP 就能看见自己喜欢的内容。

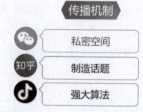

图 7-21 不同内容平台的传播机制

不同内容平台的传播机制如图 7-21 所示。所以作为内容从业者,我们需要了解不同平台、不同内容的传播规律。

第三,对热点事件保持敏感,也就是懂得追热点。因为热点事件话题本身就具备非常强的势能和流量。每当热点事件出现时,内容需要立刻输出和热点相关的内容,凭借热点的势能,让自己的内容作品被更多地阅读和播放。

> **【素养提升】**
>
> 当互联网充斥着"裁员潮""1 076 万毕业生最难就业季"时,不知道同学们内心是否有过一丝焦虑和无奈。在就业难的大背景下,却仍然有企业大喊"缺人"。这正是我国目前面临的就业结构错配问题。当大家都梦想着一毕业就进入大厂、拿高薪、做核心运营岗位时,又有多少人愿意沉下心来,每天阅读行业深度解析、看一本苦涩难懂的书、记下每一条学习的心得,甚至自己申请一个公众号,哪怕没有人关注,也坚持输出心得和内容?

内容的输出是互联网运营中最简单的，哪怕只是你今天说过的一句话、穿的一套衣服、拍过的一张照片，只要你记录下来，它们就成了你输出的内容。

可内容的输出又是最难的，你想要脱颖而出，通过内容来获取回报，却不知何年何月才能吹尽黄沙始到金。

因此互联网是最好的时代，任何人都可以作为自媒体，在网络上发出自己的声音。同时，互联网又是最坏的时代，因为这个时代任何一个角落里都充斥着各种各样的声音，而你的声音却掩埋在时代的浪潮里。

那么成功的突破口在哪里呢？在对自己兴趣的追求中，在一次次不被理解的坚持下，让内容承载着你的声音，你的自我，寻找与你共鸣的人就可以了。很多现在成功的 UP 主们，也都是这样一路成长起来的。

鲁迅先生曾说过一段名言，如图 7-22 所示。

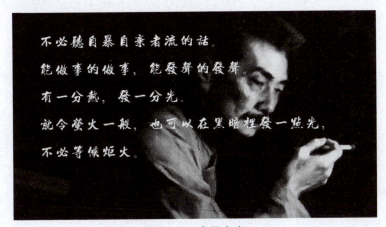

图 7-22 鲁迅名言

4. 项目策划

3.1.5 企业实战演练-
7. 绘制内容生产项目管理甘特图

项目策划书

项目七 什么是内容运营	
项目名称	绘制内容生产项目管理甘特图
项目目标	根据前期的自身产品定位、渠道策略和竞品分析，明确自身的内容渠道、内容形式，并根据项目要求，对内容生产流程进行拆分，明确各个流程所需时间，绘制项目管理甘特图
项目说明	1. 明确自身产品、定位、渠道等相关信息； 2. 剖析不同渠道的内容运营策略； 3. 明确内容运营的生产流程和时间分配； 4. 根据时间分配绘制项目管理甘特图

续表

项目工具	Teambition		项目时间	90 分钟（包含课后）	
项目管理流程					
序号	任务名称	说明	负责人	KPI	时间
1	根据产品分析内容场景渠道	根据指定渠道查询日活和日停留时长	成员 A	1 分	20 分钟
2	明确团队成员权责	团队权责分配	队长	1 分	10 分钟（并）
3	明确项目生产流程	内容生产流程拆解	成员 B	1 分	10 分钟（并）
4	拆解项目流程时间分配	流程时间和负责人	成员 C	1 分	10 分钟（并）
5	绘制项目管理甘特图	项目流程可视化	成员 D	1 分	30 分钟（并）
6	项目流程管理汇报	汇报路演	队长	1 分	10 分钟（并）
项目评审（10 分）					
企业点评（40%）					
教师互评（10%）					
小组互评（20%）					
小组自评（20%）					
自评（10%）					

5. 项目执行

打开网址进入虚拟仿真实训平台：http:∥xnfz.lnve.net:9003/#/projectDetails?courseid=882。

Teambition 项目执行流程示意图，如图 7-23 所示。

6. 项目监控

内容运营与项目监控的结合是确保内容质量和项目成功的重要保障。掌握绘制内容生产项目管理甘特图的方法，明确内容运营的生产流程和时间分配，提高项目的整体效益。我们可以通过 Teambition 监控任务完成情况。

（1）【多选题】互联网运营的三大基础岗位包括（　　）。

A. 产品运营

B. 内容运营

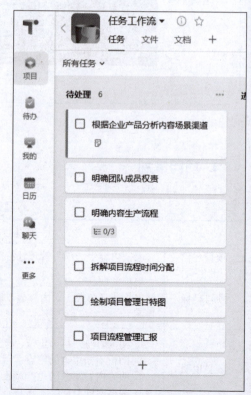

图 7-23　Teambition 项目执行流程示意图

C. 用户运营
D. 新媒体运营
正确答案：ABC

(2)【多选题】内容的形式包括（　　）。
A. 图片　　　　　B. 文字　　　　　C. 视频　　　　　D. 音频
正确答案：ABCD

(3)【多选题】内容运营的工作过程包括（　　）。
A. 内容的生产　　B. 内容的呈现　　C. 内容的传播　　D. 内容的选择
正确答案：ABC

(4)【多选题】知乎包括以下哪些内容的生产方式？（　　）
A. UGC　　　　　B. PGC　　　　　C. OGC　　　　　D. AGC
正确答案：ABC

(5)【多选题】内容的使用场景包括（　　）。
A. APP推送文案　B. Banner文案　　C. 社群文案　　　D. 公众号图文
正确答案：ABCD

(6)【多选题】APP推送文案的优点包括（　　）
A. 可以立即提升活跃度　　　　　　B. 可以立即提升交易量
C. 可以立即提升互动量　　　　　　D. 用户反映良好
正确答案：ABC

(7)【多选题】Banner文案主要由（　　）组成。
A. 文案　　　　　B. 元素　　　　　C. 背景　　　　　D. 人物
正确答案：ABC

(8)【多选题】内容运营岗位主要包括哪些类型？（　　）
A. 内容的创作　　B. 内容的审核　　C. 内容的管理　　D. 内容的编辑
正确答案：AC

(9)【判断题】几乎所有的产品都需要内容运营。（　　）
正确答案：√

(10)【判断题】内容是人类最基础的需求和欲望，而人类永远都渴望更新鲜、不一样的内容。（　　）
正确答案：√

(11)【判断题】内容运营是指通过对文字、图片、音频、视频、直播等内容信息的生产、编辑、组织，给用户提供一定价值，从而提升产品价值的运营工作。（　　）
正确答案：√

(12)【单选题】以下内容需要付费的是（　　）。
A. UGC　　　　　B. PGC　　　　　C. PUGC　　　　D. OGC
正确答案：D

(13)【单选题】淘宝的主流内容属于哪种内容生产模式？（　　）
A. UGC　　　　　B. PGC　　　　　C. PUGC　　　　D. OGC
正确答案：A

（14）【单选题】京东自营属于哪种内容生产模式？（   ）
A. UGC　　　　　　B. PGC　　　　　　C. PUGC　　　　　　D. OGC
正确答案：B

（15）【单选题】以下哪种文案的传播成本最低，触达用户最快？（   ）
A. 公众号图文　　　B. APP 推送　　　　C. 朋友圈文案　　　D. 商品详情页
正确答案：C

7. 项目评审

序号	任务	作用
1	【成果】项目管理甘特图	成果展示
2	【标准】过程考核表	明确项目评分标准

过程考核表			
项目名称	绘制内容生产项目管理甘特图		
项目类别	项目策划类	项目总分	10 分
项目评分标准			
序号	任务名称	任务要求	项目得分
1	根据产品分析内容场景渠道	根据指定渠道查询日活和日停留时长	3 分
2	明确团队成员权责	团队权责分配	1 分
3	明确项目生产流程	内容生产流程拆解	1 分
4	拆解项目流程时间分配	流程时间和负责人	1 分
5	绘制项目管理甘特图	甘特图	3 分
6	项目流程管理汇报	汇报路演	1 分
项目评分得分（10 分）			
企业录取（40%）			
教师点评（10%）			
小组互评（20%）			
小组自评（20%）			
自评（10%）			

8. 项目拓展

扫描二维码领取拓展资源

3.1 小红书行业投放指南【小红书运营】

项目八 内容生产的原理

项目结构

任务 8.1 组织内容的生产
任务 8.2 一句话就让客户下单的文案
任务 8.3 写好文案标题的 4U 法则

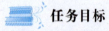任务目标

素质目标	1. 培养锲而不舍、迎难而上的意志
	2. 具备通过产品为用户创造价值的观察力与共赢意识
	3. 培养勇于探索的精神
	4. 培养对用户的共情力
知识目标	1. 系统掌握内容生产方法
	2. 提升选题、素材收集能力
	3. 能搭建全面的内容矩阵
	4. 通过获得感搭建说服结构
	5. 提升内容感染力和表达力
能力目标	1. 实现长期内容能力提升
	2. 能够产出有影响力的文章
	3. 能够通过内容触动用户情绪
	4. 能够通过产品形式进行内容体系的基本搭建与管理

项目八　内容生产的原理

1. 项目导入

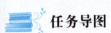 **任务导图**

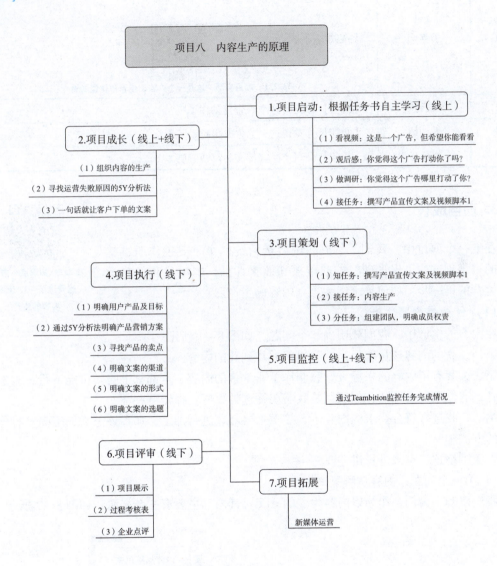

2. 项目启动

序号	任务	内容
1	看视频	【视频】这是一个广告,但希望你能看看① 扫码观看视频: 3.2.1　项目启动-这是一个广告,但希望你能看看
2	观后感	【讨论】你觉得这个广告打动你了吗?
3	做调研	【问卷】你觉得这个广告哪里打动了你?
4	接任务	【任务】撰写产品宣传文案及视频脚本1

3. 项目成长

3.2.2　知识点-内容运营进阶-1. 组织内容的生产

在上一个项目中,我们了解到,内容运营的四个主要工作职责就是内容的采集创造、呈现管理、扩散传播和效果评估。本项目我们将学习内容运营的第一步:如何来组织和策划内容的生产。

(1) 什么是内容生产

在内容的生产中,我们要明确三个问题,如图8-1所示。

第一,我的内容该从哪里来?哪里能够找到我的内容?

第二,我有了内容的来源方,我制作了非常多的内容,全部都上吗?可能不行,肯定要有推荐,有修改,有筛选,但问题是我需要筛选掉哪些,保留哪些呢?

第三,我选好符合要求的内容了,接下来要对它进行加工,那我该怎么加工呢?有什么加工的方法呢?

下面围绕这三点来进行讲述。

1) 第一个问题,内容从哪里来?

我们以知乎为例,作为以内容为主的APP,其内容主要有三个来源,如图8-2所示。

- 内容从哪里来
- 如何挑选内容
- 对内容进行加工

图8-1　内容的生产流程

- 自制:公司自己的内容运营人员创造
- PGC:内容运营人员对外洽谈,引入优质作者创造
- UGC:内容运营人员通过规则激励用户自产内容

图8-2　内容的来源

---

① 可话. 这是一个广告,但希望你能看看[DB/OL]. https://www.bilibili.com/video/BV1sR4y1s7Mb/? spm_id_from = 333.337.search-card.all.click&vd_source = d3051e523089f42bc10924029d9d71d.

①自制：即平台自己的内容运营人员创造输出内容。比如知乎每天会在微信公众号上发每日热议。

②PGC：即公司的内容运营人员对外洽谈，让一些优质的 PGC 作者，比如邀请小米的创始人雷军入驻知乎平台，来发布小米最新动向和对行业的理解等内容。

③UGC：即内容运营人员需要制定一些规则，来激励普通用户自己生产内容，比如知乎上用户对各种问题的探讨。

【思考题】做好 PGC 和 UGC 内容最重要的方面是什么？
在 PGC 中，最重要的是找到好的、适合的作者；
在 UGC 中，最重要的是激励机制。

作为 PGC 内容运营，如何能找到优质的作者呢？如图 8-3 所示，可以分为 5 个步骤。

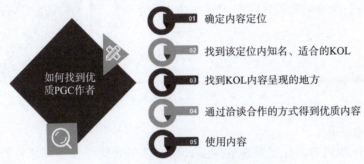

图 8-3　如何找到优质 PGC 作者

第一，要确定内容定位，即我们做内容需要什么样的作者。根据内容的目标进行定位，明确内容的主题和关键词，有了关键词，我们才知道哪些作者善于写相关的内容。

第二，找到定位内知名的或者适合的 KOL（Key Opinion Leader，关键意见领袖）。比如你要做农产品，那你要知道适合农产品的大 V 有哪些，或者哪些大 V 和你的产品气质相符，然后将产品与 KOL 进行深度捆绑。

比如，董宇辉作为深受国人喜爱的互联网人物，到海南助力果农，参加农产品交易会，推广销售农产品并融入文旅理念，传递善意与携手并进的精神（见图 8-4）。董宇辉的身影出现在中国（海南）国际热带农产品冬季交易会上，他参观了会场中的多个展台，与展商负责人交流互动，了解当地农产品的生产与营销现状。从现场图片中可以感受到他的一份用心，甚至是跃然纸上的热情与执着。他捐赠百万元助力灾后恢复，用行动践行社会责任，传递爱与希望，成为人与土地、人与人相互成就的典范。董宇辉与海南的故事成为一种象征，这不仅是现代社交媒体时代人与人互动的奇妙案例，更是关于真诚与责任的巨大启示。

第三，找到 KOL 呈现内容的地方，我们要把 KOL 拥有的渠道都列出来，知道其在新浪微博、小红书，还是在抖音拥有影响力。

第四，与 KOL 进行商务洽谈，让其专职给我们供稿，那我们所发布的内容就是全网独家，或者让我们首发，这相对来说肯定比较难。同时也要考虑 KOL 带来的流量和我们承接

图 8-4 董宇辉为海南果农助力

流量的能力是否相匹配。

第五，就是使用内容。这里要注意的是，我们在平时就要注意积累资源，列出资源清单。比如不同领域的大 V 都有谁，以及他们喜好的方式、文风，善于写的内容、各自的渠道，等等。这份清单是非常宝贵的。

如果说 PGC 最重要的是找到优秀作者，那么 UGC 最重要的就是如何激励用户源源不断地生产内容。UGC 生产内容的手段主要有两个：一是物质刺激，二是精神激励，如图 8-5 所示。

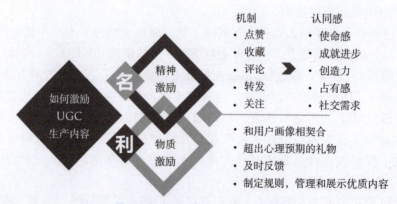

图 8-5 如何激励 UGC 生产内容

可以说，很多人都沉浸在欲望里，人性欲望里最重要的无非名、利二字。所以，我们要打动用户，想让用户为我们工作时，也要从这两个角度出发，要么给名，要么给利。

给名是什么呢？是精神。给利是什么呢？是物质。

如何给予物质激励呢？通俗来说，给予物质激励就是给其喜欢的东西。这个物质要强调几个关键点：

第一，要和用户画像相契合。比如我是个爱打扮的女生，你肯定要给我美妆。你如果给我一个机械键盘，可能除非我送人，要不然没什么用。如果我是一个喜欢科研的男生，可能你送我一个乐高模型或者最新的电子产品，我会乐开花。如果你送我一支口红，而我又没有女朋友的话，那就很尴尬了。所以说，我们送的礼物一定要与用户画像相契合。

第二，是越贵越好吗？并不是。我们所送的奖品相对于用户的心理价值来说，超出其心理预期就是好的。比如，你送女大学生一个新欧莱雅口红，就挺好。但如果是一个天天出入时尚圈的职场达人，你送她欧莱雅的口红，人家可能就不愿意参与。所以说，要先看用户的心理预期，看其消费层次在哪里，然后再确定奖品的价值。

第三，要及时反馈。比如我们让用户每天写个心情、发张照片，作为签到，然后可以参与抽奖活动。这没问题，但一定要立刻把名单公布出来，让用户知道我们的奖品是有的。哪怕用户没有抽到奖品，对用户也是一个真诚的激励。

第四，要制定规则，管理和展示优质的内容。我们提供物质激励肯定是有目的的，通过物质激励，让用户帮我们输出一些内容。因此，我们在让用户输出内容时，一定要把内容的要求写清楚，通过设定规则，来管理和展示优质内容，模板越详细越好。

比如"不跟你玩"这家旅游类社交平台，就策划了一个活动，叫"你的故事引爆地球，我的机票送你浪游"，如图8-6所示。其目的也很简单，奖品就是让用户来一场说走就走的旅行。

图8-6 "不跟你玩"旅游社交平台活动海报

同时发布了一个"旅行梦想招募令说明书"，如图8-7所示。其上详细写明了参与者最终创作视频、撰写旅行经历的要求等。甚至连视频的时长、格式都有详细的要求。这就像语文老师布置作业一样，要把你作文的要求说清楚。

所以我们做内容时，要尽可能地详细写明对内容的要求，多少字、标题中是否需要包含活动主办方，什么主题、内容的形式、结构、内容原创、禁止一切形式的抄袭，等等。要把关键内容、要求都写清楚，然后让用户明确地知道：我生产什么样的内容才是符合平台需要的，这样双方都省心。

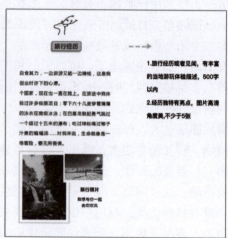

图8-7 "不跟你玩"旅游社交平台活动说明

在激励用户的时候,如果我们没有那么多的钱去发奖品该怎么办呢?

通常可以给用户精神激励。比如在哔哩哔哩中,如图8-8所示,几乎每一个UP主的视频中,都会邀请用户点赞转发关注。当然,为了让大家互动,也是八仙过海各显神通。

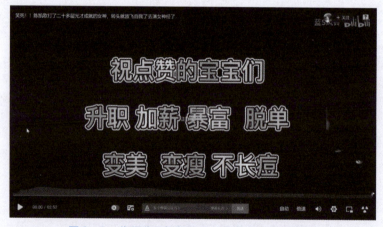

图8-8 哔哩哔哩视频网站的点赞转发关注互动

在微信中,每年"十一"国庆节,刷爆朋友圈的@微信官方给我一面国旗活动,本质上也是一种通过爱国情怀的典型精神激励法,实现互动。

精神激励基本上的关键点就是建立好用户成长体系,通过点赞、收藏、评论、转发、关注等手段、机制,激发用户的使命感、成就进步、创造力、占有感、社交需求等维度获得成就感和认同感。

其核心在于:通过激励机制让用户能获得成就感。

怎样做才能有成就感呢?我们可以根据用户性格、爱好来想他喜欢什么。但是大部分人基本上都喜欢被认同。这就是很多平台都使用点赞这个手法的原因。

如图 8-9 所示，我们总结一下不同类型内容来源运营的核心。

自制的核心其实比较简单，只要我们确认好排期，什么时间上什么稿，以及根据定位撰写合适的稿子就可以了。

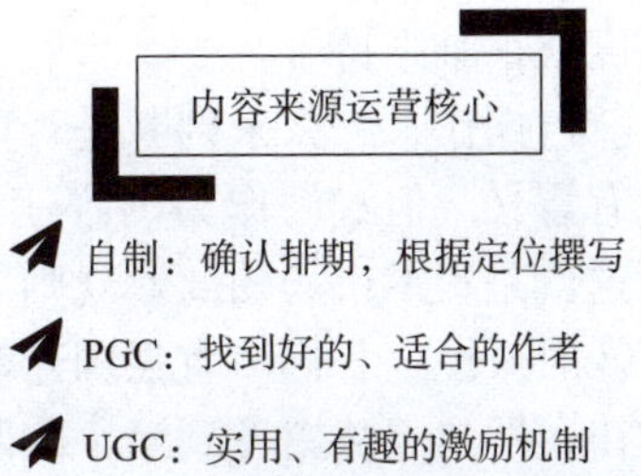

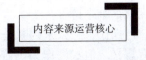

图 8-9　不同类型内容来源运营的核心

PGC 的核心就是找到专业、优质、合适的作者，而且要设立大 V 的管理机制。

UGC 的核心就是要建立实用、有趣的激励规则，培养属于自己的 KOL，并对劣质内容进行排查，将优质的内容呈现给对应的人群，这就是整体的内容运营的核心。

2）如何挑选内容

当收集到了众多的内容源之后，就要选出最适合我们的好的内容。但问题是，什么样的内容是好的内容呢？即质量高且能匹配用户需求的内容。

其实简单来说就是：好玩 + 有用，如图 8-10 所示。

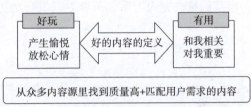

图 8-10　好的内容的定义

好玩：就是能让用户产生愉悦感。

用户读这个内容，觉得充实开心。我们在碎片时间打开手机，就是想放松一下心情，放空一下大脑。

有用：就是它能够解决用户的实际需求。

首先，是与用户相关的。比如，只有宝妈宝爸才会关心育儿、婚姻等话题，而未婚未育的人对"究竟是尿不湿好，还是尿布好"这类文章并不感兴趣。

其次，是对用户重要的。比如，如何提升教师教学能力，这样枯燥、晦涩的文章，如果不是教师肯定是不会看的，但是这类文章在教师群体中的阅读量常常不低，且转化率极高，主要就是因为内容对其很重要，有非常高的优先级。

满足以上几点就是用户会喜欢的内容，即好的内容了。

那么依据好玩 + 有趣的原则，我们找到了不错的内容，可我们不能把所有的内容都放进去，最终肯定要从中筛选出一个主题，所以接下来的问题是我们该如何做选题。如图 8-11 所示，有四个基本原则。

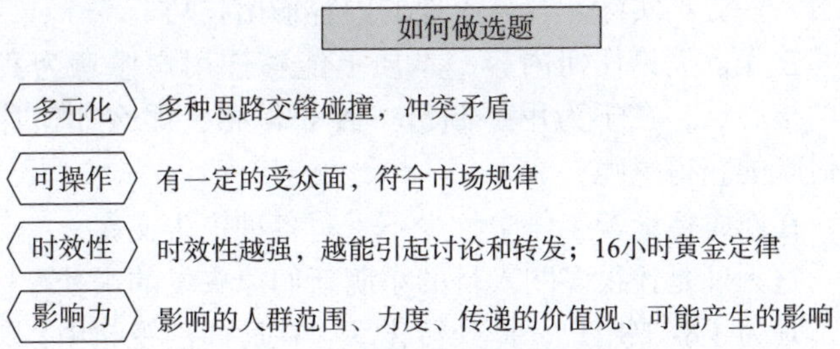

如何做选题	
多元化	多种思路交锋碰撞，冲突矛盾
可操作	有一定的受众面，符合市场规律
时效性	时效性越强，越能引起讨论和转发；16小时黄金定律
影响力	影响的人群范围、力度、传递的价值观、可能产生的影响

图 8-11　内容平台如何做选题

① 多元化：所谓多元化，就是这个问题没有对错，最好是多种思路交锋、碰撞、冲突、矛盾，但没有对错。比如，女性一定要会做饭吗？结婚究竟应不应该要彩礼？喝凉水对身体究竟有没有影响？

每个人都会根据自己的成长和自己的价值判断，给出答案。这类问题没有对错，只有是否适合自己，这样才能引起讨论。如果我们的文章都是非黑即白，可能就是一种声音，文章的热度就很难维持了。

②可操作：怎么来判断是否可操作呢？内容不能太小众，这不是说小众的内容没有价值和没有意义。但我们作为内容运营人员，就需要对 KPI（即阅读量）负责，我们就是要赚钱，这就是资本市场的商业规则。

③时效性：我们一直强调互联网一定是要追热点的，而且越快越好。有一个 16 小时黄金定律，即热点从爆发到第一次跟进，最好不要超过 16 小时，一旦超过了，就要考虑是否继续跟进了，如果超过 32 小时，就不用跟进了。

④影响力：我们的内容要在互联网上传播，一定要考虑内容影响的人群范围、力度，传递的价值观和可能产生的影响。作为内容运营人员，我们的内容可能引导舆论，我们不能违背主流的价值观，一旦违背了主流价值观，轻则删帖、封号，重则可能拘留、判刑。

3）对内容进行加工

当我们挑选完内容后，就要对其进行加工了。在后面的项目中，会详细介绍。

【素养提升】

虽然前面的道理说起来很简单，内容运营的起步也是最为简单的，但是真的要做好内容输出，需要同学们不断进行资源积累、表达训练、反思优化，这是一个漫长且不确定的过程。因此内容的输出，也需要同学们能够静下心来，慢慢地去挖掘、打磨，切不可操之过急。

很多时候，世上没有绝对正确的道路，别人走过的路虽然成功了，但不一定适合自己。

就像我们国家从成立至今，经历了 76 年的沧桑岁月。虽然刚开始，我们也走了很多弯路，但只要不断地坚持适合自己的模式和道路，不为外部世界所动摇，也决不放弃自己的坚持，时间总会给出我们一个完美的答案。

如果命运是世界上最烂的编剧

你就要争取做你自己人生最好的演员

(2) 一句话就让客户下单的文案

上一节我们学习了内容生产的基本逻辑和原理，接下来我们将学习一些更加实际、容易落地的内容输出技巧。

首先，无论任何内容，本质上能够让用户愿意为我们的输出买单的核心点，在于为用户制造一种获得感，那么如何让用户有种相见恨晚的获得感呢？

3.2.3 一句话就让客户下单的文案——制造获得感

在新媒体运营工作中，少不了写各种广告文案。

这无疑是让很多刚入行的小萌新们掉头发的噩梦。区分不同场景下的内容形式，本质上也都是为了获取用户，提升转化率，在后面的视频中，将从内容的生产、呈现、营销等多个维度介绍如何做出好的内容来，并对其进行管理。

【案例小剧场】

有一天我去闺蜜家玩，她刚刚开了个幼儿绘画班，问我要不要报名。

我说：我家是个男娃，不喜欢画画。

正聊着天，突然发现闺蜜家客厅挂了一墙她家娃的画，还裱了好看的画框，我两眼放光，想象着我家墙上挂满孩子自己的画，又有艺术感，又承载着满满的回忆，可比千篇一律的婚纱照好看多了。我突然就心动了，当场报了名。

绘画班还是那个绘画班，前一秒，我毫无兴趣，下一秒，我就掏钱了。

而区别就在于获得感。

每个产品都有各自的卖点，如图 8-12 所示。

比如一根铅笔，卖点是六边形。那么，获得感就是这个六边形的铅笔相较于普通铅笔能给消费者带来什么？随手放在桌子上，不怕它滚下去摔断铅笔头。你有没有突然觉得，这根铅笔让你有种想买的冲动呢？

比如一次性内裤的卖点是即穿即扔。那么获得感就是出差 10 天带 10 条，不用洗，不会捂臭了。

再如我是一名会计师，卖点是合理避税。那么获得感就是，花 5 000 元钱，每月帮你省掉 1 万元的税。

因此，获得感等于：将产品的卖点或者功能，转化为消费者通过这个功能能够获得的价值或者减少的损失，如图 8-13 所示。

图 8-12　卖点与获得感的转化案例

图 8-13　内容获得感的公式

【思考】公司想在网上销售"自媒体运营"的培训课，于是做了这样一张海报，如图 8-14 所示。

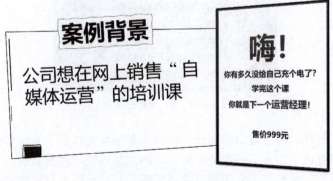

图 8-14　案例示意图

如果海报这样写很难收到好的效果,那怎么写才好呢?站在顾客的角度想一想就知道了,顾客为什么要买我们的课,挣钱啊。于是我们把海报改成了如图8-15所示。

所以培训课卖的不是课,是月入过万。记住,客户买的永远不是产品,而是产品带来的获得感。

写下一篇文案时,运用这个工具,你会发现:你的文字仿佛注入了一种魔力,充满了让人掏钱的芳香气息。

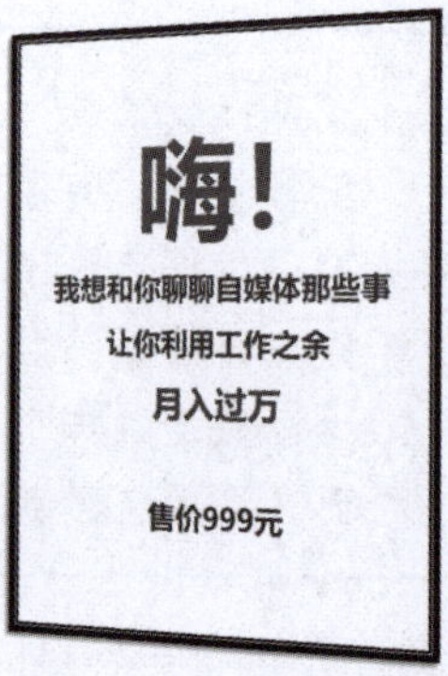

(3) 寻找运营失败原因的5Y分析法

伏尔泰说过:"判断一个人的能力不是看他如何回答,而是看他如何提问。"

图8-15 修改后的海报示意图

3.2.4 寻找运营失败原因的5Y分析法

当我们面对问题时,第一件事不是想着怎么解决问题,而是提出问题,重新定义问题。

那怎么提出问题呢?可以使用5Y分析法:即对一个问题连续以五个为什么来提问的从复杂问题中找到真正原因的一种思考工具。

【案例小剧场】

比如某运营培训公司推出一个"零基础、学运营、半年月薪过万"的校园宣传活动,在几十个校园里建社群、发红包,可折腾了一个多月,咨询的人特别少,最后活动失败,没能成班。

活动运营人员觉得很纳闷,按理说,现在大学生毕业了,工作也不好找,月薪过万的宣传应该挺有吸引力啊,可怎么学生们就是不报名呢?他们百思不得其解。

用5Y法分析了一下,答案就清楚了,如图8-16所示。

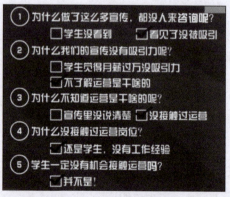

图8-16 5Y分析法案例

第一个问题,为什么做了这么多宣传,都没人来咨询呢?是学生没看到,还是看见了没被吸引?学生红包都收了,肯定是看见宣传了。因此是看见了没被吸引。

第二个问题,为什么我们的宣传没有吸引力呢?是学生觉得月薪过万没有吸引力,还是不了解运营是干啥的呢?应该是不了解运营。

第三个问题，为什么不知道运营是干啥的呢？可能是因为学生没接触过运营。

第四个问题，为什么没接触过运营岗位呢？因为还是学生，没有工作经验。

其实这个时候，我们需要考虑一个问题：是不是我们的目标人群选错了，我们的培训应该针对有一定工作经验、希望转岗的人群进行推广。如果我们仍然希望将课程推广给学生，那么我们可以问：

第五个问题，学生一定没有机会接触运营吗？并不是。

问到这里我们发现：

要么我们可以更换目标人群；

要么我们可以针对学生组织一些运营活动，比如搞一个抖音小视频的比赛，参与比赛的选手均有机会免费试听两次课程。

通过五个连续的为什么，帮助我们用审问的方式找到运营失败的原因。

【拓展小课堂】
好的内容输出需要同学们坚持不断地进行输出训练和不断提升自身的学习力，那么如何才能在进入职场后，继续保持高效的学习力呢？快来扫描视频二维码，一起来看看吧！

【素质】学习力

4. 项目策划

3.2.5 企业实战演练-8. 撰写产品宣传文案及视频脚本

项目策划书

项目八 内容生产的原理				
项目名称	撰写产品宣传文案及视频脚本1			
项目目标	首先明确用户需要推广的产品，根据用户推广的目标，使用5Y分析法分析产品营销方案，寻找产品卖点；并确定推广渠道、内容形式及文案选题，在下一个项目中完成内容的最终生产与传播			
项目说明	1. 明确产品及推广目标； 2. 挖掘产品痛点、卖点并制造获得感； 3. 确定推广渠道、内容形式及选题			
项目工具	Teambition	项目时间	90分钟（包含课后）	
项目管理流程				
序号	任务名称	说明	负责人	KPI	时间
1	明确用户产品及目标	与企业沟通	队长	1分	10分钟
2	通过5Y分析法明确产品营销方案	防止错误方案	成员A	1分	20分钟
3	寻找产品的卖点	挖掘获得感	成员B	1分	15分钟
4	明确文案的渠道	与上节匹配	成员C	1分	10分钟

续表

序号	任务名称	说明	负责人	KPI	时间
5	明确文案的形式	内容生产	成员 D	1 分	15 分钟
6	明确文案的选题	内容生产	队长	1 分	20 分钟
项目评审（10 分）					
企业点评（40%）					
教师互评（10%）					
小组互评（20%）					
小组自评（20%）					
自评（10%）					

5. 项目执行

打开网址进入虚拟仿真实训平台：http：//xnfz.lnve.net:9003/#/projectDetails? courseid = 882。

Teambition 项目执行流程示意图，如图 8-17 所示。

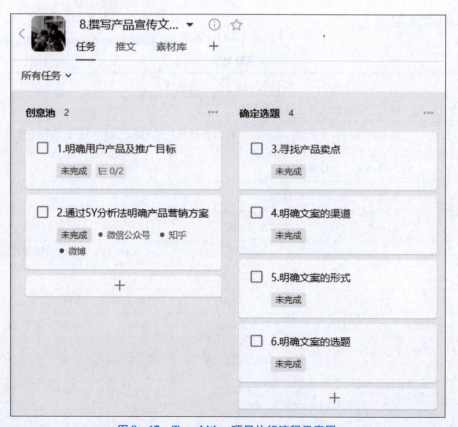

图 8-17　Teambition 项目执行流程示意图

6. 项目监控

我们学习了内容生产原理，掌握了使用 5Y 分析法分析产品营销方案的方法，通过项目监控可以确保内容生产的高效、准确并符合项目目标。我们通过 Teambition 监控任务完成情况。

(1)【多选题】内容运营的工作内容包括（　　）。
A. 内容的采集创造　B. 内容的呈现管理　C. 内容的扩散传播　D. 内容的效果评估
正确答案：ABCD

(2)【多选题】内容的生产方式包括（　　）。
A. 自制　　　　　　B. PGC　　　　　　C. UGC　　　　　　D. 转载
正确答案：ABC

(3)【多选题】找到优质的 PGC 作者的步骤包括（　　）。
A. 确定内容的定位　　　　　　　　B. 找到该定位内知名、适合的 KOL
C. 找到 KOL 内容呈现的地方　　　D. 通过洽谈合作的方式得到优质内容
正确答案：ABCD

(4)【多选题】UGC 内容生产的激励机制包括（　　）。
A. 用户画像契合　B. 精神激励　　　C. 物质激励　　　D. 有趣好玩
正确答案：BC

(5)【多选题】用户内容的激励机制包括（　　）。
A. 点赞　　　　　B. 收藏　　　　　C. 评论　　　　　D. 转发
正确答案：ABCD

(6)【多选题】提升用户认同感的方式包括（　　）。
A. 使命感　　　　B. 成就进步　　　C. 创造力　　　　D. 社交需求
正确答案：ABCD

(7)【多选题】什么算是好的内容？（　　）
A. 好玩的　　　　B. 发散的　　　　C. 有用的　　　　D. 热点的
正确答案：AC

(8)【多选题】常用的选题类型包括（　　）。
A. 多元化的　　　B. 可操作的　　　C. 有时效性　　　D. 有影响力
正确答案：ABCD

(9)【单选题】PGC 内容生产最重要的核心点是（　　）。
A. 激励机制　　　B. 找到好的作者　C. 用户喜好的内容　D. 找最贵的专家
正确答案：B

(10)【单选题】做好 UGC 最重要的点是（　　）。
A. 内容的激励机制　　　　　　　　B. 找到好的作者
C. 用户喜好的内容　　　　　　　　D. 给用户创造价值
正确答案：A

(11)【判断题】当我们面对问题的时候，第一件事不是想着怎么解决问题，而是提出

问题，重新定义问题。（　　）

正确答案：√

7. 项目评审

序号	任务	作用
1	【成果】产品宣传文案、视频脚本	成果展示
2	【标准】过程考核表	明确项目评分标准

过程考核表			
项目名称	撰写产品宣传文案及视频脚本 1		
项目类别	项目策划类	项目总分	10 分
项目评分标准			
序号	任务名称	任务要求	项目得分
1	明确用户产品及目标	与企业沟通	1 分
2	通过 5Y 分析法明确产品营销方案	防止错误方案	3 分
3	寻找产品的卖点	挖掘获得感	3 分
4	明确文案的渠道	与上节匹配	1 分
5	明确文案的形式	内容生产	1 分
6	明确文案的选题	内容生产	1 分
项目评分得分（10 分）			
企业录取（40%）			
教师点评（10%）			
小组互评（20%）			
小组自评（20%）			
自评（10%）			

8. 项目拓展

扫描二维码领取拓展资源

3.2　直播脚本合集（27 份）

项目九

内容生产的方法

📘 项目结构

任务 9.1　写好文案标题的 4U 法则
任务 9.2　引发流行的三个法则
任务 9.3　让文章疯传的 6 个原则
任务 9.4　评估内容传播效果

任务目标

素质目标	1. 在娱乐至死的时代，坚守媒体人的初心与使命
	2. 坚持创造优质、原创、有价值、正能量的内容
	3. 坚守电商法律意识与道德底线，守正创新
知识目标	1. 能挖掘内容流行的引爆点
	2. 能够撰写出有吸引力的标题
	3. 构建提纲和清晰的文章逻辑
	4. 创造出内容的传播力
	5. 能够对内容进行评估
能力目标	1. 提升内容的感染力和表达力
	2. 学会撰写有传播力的故事
	3. 通过内容打造品牌 IP 形象
	4. 通过内容能力赋能产品
	5. 通过内容效果评估二次优化内容

1. 项目导入

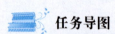 任务导图

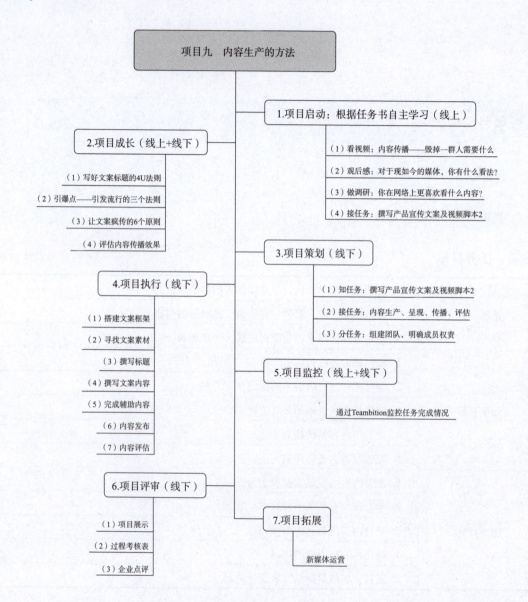

2. 项目启动

序号	任务	内容
1	看视频	【视频】内容传播——毁掉一群人需要什么① 扫码观看视频： 3.3.1 项目启动－视频－毁掉一群人需要什么？
2	观后感	【讨论】对于现如今的媒体，你有什么看法？
3	做调研	【问卷】你在网络上更喜欢看什么内容？
4	接任务	【任务】撰写产品宣传文案及视频脚本2

3. 项目成长

对于企业而言，无论是腾讯、京东等大厂，还是需要推广自己产品的制造类企业，它们在招聘内容运营岗位时，都要求该岗位的应聘人员能够制作热门传播事件、创作热门传播话题、制定传播规则以及检测传播效果。

但对于一个新人来说，没有办法同时掌握所有的技能要求，最开始的考核标准基本就是：能够结合热门事件，创作出好的内容，把文案的阅读量提升上去。

因此本项目旨在帮助初学的同学们掌握一些简单的、初级的内容创作技巧，完成一个基本的内容输出，并尽量为平台获客拉新，让更多的用户喜欢我们的文案，停留在我们的平台，实现内容变现。

(1) 写好文案标题的4U法则

俗话说：标题起得好，观众少不了。文案在实际工作中经常遇到这种情况，写好了一篇微信图文，但不确定标题怎么写才能更吸引观众。于是一口气写了十个，想要从中挑选一个最好的标题。这时该怎么评判一个图文标题的好坏呢？

3.3.2 写好文案标题的4U法则

假如你是一个报社主编，手下有几个编辑都说有新闻要报道，想跟你见面，如图9－1所示，你会先见哪一个呢？

A 说，主编，我这事可挺急的。
B 说，我这可是独家情报。
C 说，我这情报100%准确。
D 说，我的情报很值钱。

---

① 北港 cin. 毁掉一群人需要什么？或许这款游戏告诉了我们答案！[DB/OL]. https://www.bilibili.com/video/BV1xo4y1D7xL/? spm_id_from = 333.337.search - card.all.click&vd_source = d3051e523089f42bc10924029c79d71d.

图 9-1 案例示意图

E 说，上面这些都不行，我的情报又紧急又独家又准确又值钱，就问你们服不服？

这个问题"调皮"了。

4U 法则是罗伯特·布莱在《文案创作完全手册》中提出的。如图 9-2 所示，说的是：在新媒体时代，如果一篇文章的标题能同时体现出紧迫、独家、准确、好处这四点，就能在 0.5 秒之内吸引观众点开来看。

图 9-2 标题的 4U 法则

简单来说，就是人们最爱看又紧急又准确又值钱的独家消息。

①Urgent，即迫切性。

相信吗？其实很多人都有"被逼症"。回想一下，很多时候明明一个方案可以提前做好 B 计划，非要拖到最后一刻，时间人力都很紧缺迫切，而结果常常又如你所愿按期完成。这是为什么呢？

正是因为"被逼症"。你不使用方法逼对方一把，对方依旧无法做决策。所以文案中带有迫切感，对方行动也会变得更紧迫。

同学们可以好好观察一下电商文案，通常文案中带有"立即""马上""限时""售完即止""先到先得""数量有限""大家都在抢"等迫切性词语的，整体文案表现比较好。迫切性文案是通过这样的方式让用户马上行动，加快用户做决策的效率。

②Unique，即独特性。

独特性主要体现产品的独特卖点或亮点。文案上的独特卖点可以是产品的设计、色彩和功能，也可以是独家的制作工序等。

著名文案大师林桂枝说过："独特是百分之百，无人能与你媲美，而抄袭雷同相当于百分之一，你只会是其中的一朵浪花，无法掀起多大的波澜。"

写文案前，先将产品的独特卖点、用户对产品的诉求点、产品的目标用户等信息提前准备好，正式写文案时能事半功倍。

③Ultra-Specific，即针对性。

针对性其实跟市场/用户细分有点类似。它针对的是特定的精准的市场/人群，因此展示给这部分用户的产品文案需正中下怀，戳中用户的痛点、爽点，满足用户的需要，用户自然愿意被你的文案指引而行动。

这恰恰也是为什么越来越多的产品开始做针对性市场，小众的即是大众的，能满足小众市场，解决诉求，也就容易成为大众市场，发展前景大。

④Useful，即有用性。

有用性很容易理解，即你的产品必须是对用户有用的，在文案上可重点抓住产品利益点，从利益点出发，思考契合产品的文案，用户需要产品的主要作用是什么？无用的产品，用户也就无使用价值了。

比如本小节的标题，普通的写法是"如何写好微信图文的标题"。这么写的话，用户看了以后内心毫无波澜，也没有想点开看的冲动。

我们用 4U 原则来优化一下，如图 9-3 所示，先加入表示紧迫的词，比如"阅后即删"，再加入表示独家的词，比如"独家秘籍"，然后加入表示准确的词，比如"只需四步"，最后加入体现好处的词，比如"阅读量暴增 1 万倍"，改完以后的标题就是"阅后即删，只需四步就能让阅读量暴增 1 万倍的独家秘籍"。这么改一下，是不是比原来那个标题看着更有点能点开看的冲动了呢？

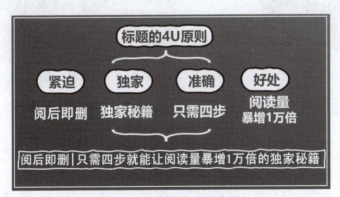

图 9-3　标题 4U 原则案例

虽然提高图文点击率的方法还有很多，但 4U 原则绝对是其中最简单的一种。当你写好一个标题之后，不妨用 4U 公式来检验是否有效，利用分数来评估每一个指标，每一项为 1 分，满分为 4 分。但如果你的标题无法拿到 3~4 分，这表明你的标题还不够有力，重写效果会更好。

【拓展小课堂】受制于篇幅，如何写好一篇具体的文章，并不是本书的重点，但是我们仍然可以学习一些简单的文案撰写方法。扫描视频二维码，学习 BFD 法则，三句话写出一篇走心的文案。

3.3.3　BFD 法则：三句话写出走心的文案

(2) 引发流行的三个法则

引爆点——引发流行的三个法则。

美国有个很厉害的作家叫马尔科姆·格拉德威尔，他写的每一本书几乎都是全球畅销书，为此还专门写了一本书，教大家怎么让一条信息快速传播。这本书就是营销界无人不知的《引爆点》，如图9-4所示。

3.3.4 引爆点——引发流行的三个法则

书中的观点其实非常简单，格拉德威尔说："一件事或者一条信息质量形成爆炸传播的效果，只需要满足三个条件就可以了。"

第一个条件是关键人物法则，也就是要有一个超级传播者，如图9-5所示，比如内行人、交际花。

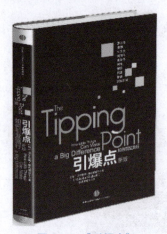

图9-4 《引爆点》

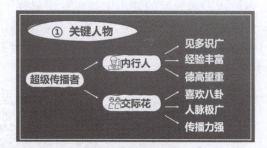

图9-5 引发流行法则——关键人物

就像在公司有些老员工见多识广，经验丰富，德高望重，我们遇到事情很喜欢问他们，他们说的话我们也会洗耳恭听。这些人就是内行人。

另一些是很喜欢八卦的同事，茶水间、洗手间到处都有他们活跃的身影。他们人脉极广，传播力极强，这些人就是交际花。在互联网上也一样，如果我们的一个营销创意要想快速在网络上传播，首要条件就是让这些人进行转发。在运营工作中，经常听到的 KOL 意见领袖就是指他们。

第二个条件是附着力法则，简单来说，就是我们的营销创意要有情感记忆点，让人过目难忘，如图9-6所示。

就像一个水果摊，如图9-7所示，说自己的水果甜，人们很快就忘了。但要说"甜过初恋"，就具有了情感记忆点，人们很容易记住。

再如一个乞讨的盲人面前，如图9-8所示，牌子上写的是"我是盲人，需要帮助"就没有记忆点。如果写成"今天真是美好的一天，可惜我却看不见"就有了情感记忆点，人们也就更难忘了。

图9-6 引发流行法则——附着力

图9-7 水果摊广告

图9-8 盲人举牌

第三个条件是环境威力法则,这是我们的营销创意,必须应时应景。和当下人们都在经历的热点事件相结合,这样人们才能产生环境共鸣。

比如春节到了,大家都沉浸在新年的喜悦中,这是我们的营销主题,就要与此情此景匹配。人们在新年环境氛围中的情绪主要是狂欢和开心,要是我们的营销主题是让人收敛克制,比如"年夜饭10大健康危害",那肯定不受欢迎,自然会被无视,如图9-9所示。

总结起来,如图9-10所示,引爆点理论说的就是要想让营销创意引爆网络,就要在正确的时间用正确的人,转发让人过目不忘的内容。

图9-9 春节文案对比

图9-10 引爆点理论定义

(3) 让文章疯传的6个原则

3.3.5 让文章疯传的6个原则(1)

3.3.6 让文章疯传的6个原则(2)

对于每一个从事新媒体工作的人来说,不管是职场萌新还是资深总监,大家都有一个共同的梦想，那就是自己写的每一篇图文都能够刷到朋友圈，制霸热搜榜。要想实现这个梦想，就需要做出让观众忍不住想转发的内容。问题是，这种内容怎么做呢？

美国一个叫乔纳·伯杰的市场营销学教授写了一本风靡新媒体运营圈的书，叫《疯传》，如图 9-11 所示。书里说，只要一篇文章或者视频同时具备了这六点，就可以引起网友疯狂转发，在网络上掀起刷屏狂潮。

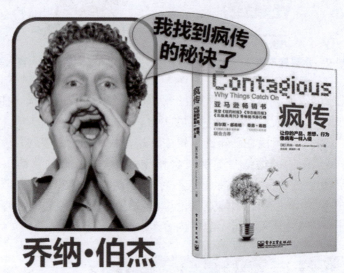

图 9-11 《疯传》

简单来说，所有刷屏文案基本是一个套路：如图 9-12 所示，用一个人们都熟悉的场景，讲一个让人心肝一颤的故事，故事里再加入一个大多数人都不知道但又很想知道的秘密，谁分享了这个秘密，就能获得其他人的点赞。

图 9-12 刷屏文案的套路

其本质就是要激发人们的转发欲望。用伯杰专业的话来说，《疯传》六原则的本质就是要激发人们的转发欲望。那疯传六原则究竟是哪六个原则呢？如图 9-13 所示。

一是要有社交货币，也就是观众会先评估一下，转发这篇文章是不是能让别人觉得自己高端大气、上档次，越是能让自己有面子、越能抬高自己身份、越能让别人佩服的人们就越愿意转发。

如何打造社交货币？

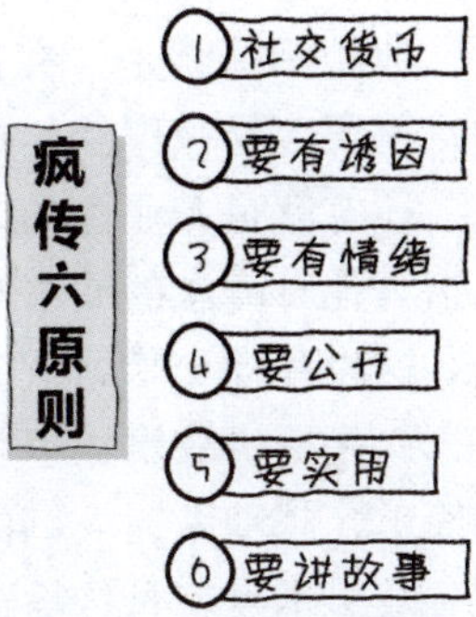

当用户想到某个领域时，你的品牌定位是领先且高端的，如喜茶、特斯拉、苹果手机等。稀缺性和专用性让人们感觉有归属感，故而激发人们口口相传的欲望。比如熟人推荐才能注册的会员制、私人购物区等。

打造差异化的服务体系，让人更具有成就感。无论在哪个领域，哪个行业，人们都非常渴望权力与地位，喜欢凌驾于别人之上的感觉。围绕产品和内容设计特权服务，能体现比别人更优越的价值感和成就感，就有社交货币的价值。

疯传六原则：
1. 社交货币
2. 要有诱因
3. 要有情绪
4. 要公开
5. 要实用
6. 要讲故事

图 9-13 疯传六原则

二是要有诱因，也就是，这件事儿读者自己熟不熟悉，和自己关系大不大。自己越熟悉，和自己关系越大，也就越容易传播。

简单来说，就是内容其实并不是脱离于我们生活场景的独立之物，而是有它自己的空间，作为作者，内容与某个高频和具体的场景越融合，被谈论的机会就会越多。

典型的案例就是"怕上火，喝王老吉"，把王老吉凉茶和"热""上火"这些高频场景结合在一起，就有了持续传播的机会。

要注意的是，通过内容的表达，让人们被诱因刺激后，要能准确联想到对应产品，建立清晰、专一的连接。比如王老吉，就是去火；天猫，就是购物；微信，就是聊天；美团，就是外卖。得有一个非常鲜明的诱因，然后再去扩展，否则难以占据用户的心智。

三是要有情绪，也就是和读者产生情绪上的共鸣。情绪共享的确也和流行感冒一样，具备很强的社会传播性，能够帮助人们维持并加强自己的社会关系。

对于情绪是否会传播，和生理唤醒有直接的关系。生理唤醒指的是被激活并随时准备待命的状态。只要我们在生理上被唤醒和激活，行为之火就会被点燃。

更进一步，你的内容要和你的情感结合在一起。你传播情绪的时候，如果是积极的情绪，要鼓舞人心；如果是消极的情绪，要让人抓狂。

很典型的案例就是知识付费领域，先贩卖焦虑，让读者焦躁，然后提供一个解决方案，最后卖课程。

四是要公开，人作为群居动物，会有从众倾向，会经常模仿身边人的一些行为。公共性简单来说，就是要让你的产品通过内容的表达，能够暴露出来，让别人看到。

举个例子，某人就因为周围的人换了电动车而换车，但是，一般没有人会因为别人换了牙膏也去换的。原因很简单，你用什么牙膏别人看不到。

再如衣服上的大 Logo、参加会议活动时赠送的纪念品，如杯子、本子等，发一条内容时，下面备注发自哪款手机，拍照时，将品牌信息作为水印进行备注。

这些设计，都是为了让你的行为，通过朋友圈的照片、抖音的视频被其他人看到，使产品具备一定的观察性和模仿性。

如果想让产品思想和行为变得流行，让内容被分享转发，我们就需要让它们具有公共可视性。

五是要实用，就是看这篇文章里面有没有能让大家奔走相告的消息，这个消息价值越大，人们就越愿意转发。

人与人之间本来就有互相帮助的倾向，只要我们通过内容，向顾客证明我们的产品能够给他们节省时间或者钱财,他们就会大力宣传我们的产品。

典型例子就是,在拼多多购物为了便宜,邀请朋友"帮忙砍一刀",这样在某些群体中,就很容易被广泛传播。

还有就是专业性的内容,比如作为一名教师,对于教学方法等专业内容,强烈地想要分享给其他有需求的同事和朋友,尤其是圈子内的专业内容。

这也和社交货币有关,分享特别专业的内容,也能显示自己的专业性。

六是要讲故事,也就是把上面的六点打包在一个小故事里,这样看着才不费劲儿。故事越简单,越动人,人们的转发意愿就越强。

故事本身就是传播道德和启示的血液,信息会经过闲散的聊天包装后逐渐传播。

故事中栩栩如生的描写和让人着迷的时尚情怀,快速而便捷地向人们提供了大量的商家信息。一个好的故事既节省时间也节省精力,以人们最容易记住的方式向人们提供最需要的信息。

比如,在巴拿马世博会,茅台被摔碎了,酒香四溢得金奖的故事,张瑞敏砸冰箱的故事等,这些故事是让人们持续谈论的载体,能让产品不断被提起。

再如,瑜伽作为一套健身运动,会讲故事的印度人告诉你,做瑜伽是在与神和自我进行沟通与交流;简单的一份大米饭,会讲故事的日本人告诉你,这是匠人用尽一生总结出来的精髓,他们用工匠精神、对美食的珍惜、对食材的尊重、对土壤的敬仰、对自然的大爱,告诉你,他们的大米文化不止在餐桌上,更是匠人对饮食传统的虔诚。

于是,同样是健身课,瑜伽课就很高大上,日本的米饭也登上了大雅之堂。这就是故事赋予产品的力量与价值,因此我们要学会讲故事,讲好故事。

以上是疯传六原则的全部内容,疯传六原则的精妙之处在于任何人都可以使用它。我们不需要巨额广告投入,也不用具有做市场的天赋或创造性基因。

最后列一个清单,同学们可以对照着自己的内容进行思考:

社交货币:一谈起你的内容,能让人们看起来更优秀、更时尚,更有凌驾于别人之上的优越感吗?

诱因:在什么情境下会让人们想起你的内容?是否高频?是否聚焦?

情绪:你的内容传递的是怎样的情绪?人们提起你的内容时,是否能唤起他们的情绪火焰?

公开:内容本身是否有宣传效果?你的内容能让别人看到吗?如果不能,怎样才能让私人的事情公开化?

实用:用户谈论内容,能帮人帮己吗?

故事:你的产品能潜入故事中吗?故事有广泛的传染性,能帮助到你吗?

当我们写完一篇文章时,也可以使用疯传六原则逐个进行检验。

(4) 评估内容传播效果

对文娱平台来说,持续的内容迭代创新是平台重要的生存法则,优质内容筛选能力是平台的核心能力。只有建立科学的内容评估体系,持续满足用户对于"好"内容的需求,用户才会持续地使用和留存。因此,搭建内容评估体系,打造健康的内容生态,对于文娱平台来说势在必行。

要评估内容传播的效果,我们要明确三个问题:

1）传播效果量化数据源

我们想要评估内容传播的效果，就需要有考核数据指标，如图9-14所示，那这些数据都有哪些呢？我们可以从四个维度来区分数据类型。

图9-14　传播效果量化数据指标

第一类，投放数据。比如我们将一篇文章发布在公众号上，这篇文章的曝光量为10万，也就是有10万个读者看到了文章的推送，然后30%的人点击阅读了文章，也就是点击量为3万。

第二类，行为数据。这主要是用来记录用户产生的行为的。比如我们将一个APP投放给用户，有多少人下载了APP，然后注册，并最终留存下来，甚至转发出去了，等等。再如公众号的文章，用户是否阅读完了，其停留的时长是多少等各类数据。

第三类，业务数据。用户在完成一个行为的时候，通常有很多的业务节点。比如我们之前使用过的高铁购票业务流程中，如图9-15所示，可能有35%的用户没有12306手机端APP，而选择了现场购票，那么这35%就是业务节点上产生的数据。

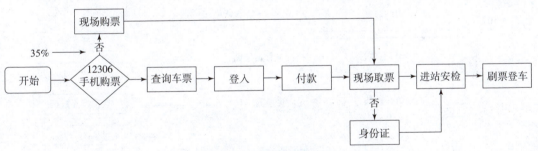

图9-15　高铁购票流程图

第四类，用户属性数据。

比如根据用户所在的地域、使用的终端设备、年龄、性别、职业等数据，从而判断，我们的内容是否触达了想要投放的目标人群。

2）渠道投放核心点

有了这一部分数据之后，我们还要清楚渠道投放的核心点。

根据产品运营中学过的产品生命周期理论，不同阶段的目标，我们需要关注不同的运营指标，如图9-16所示。

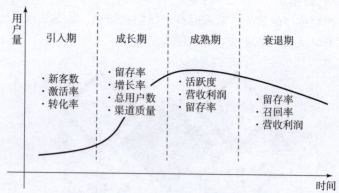

图 9-16　产品生命周期不同阶段运营指标

比如在产品引入期，我们希望引入更多的新客户，让他们使用我们的产品，因此重点是新客数、激活率和转化率。

在成长期，核心在于快速占领市场，因此我们要重点关注留存率、增长率、总用户数、渠道质量四个指标。

到了成熟期，核心在于用户的活跃度、营收利润和留存率。

而最后的衰退期，则主要关注用户召回率。

这里将使用我们后续在用户运营中会学到的 AARRR 模型，现在先简单了解一下。

比如，如图 9-17 所示，当我们通过丁香医生推广一款去屑洗发水时，丁香医生在自己的公众号上发布了一篇推广文案，推广费 5 万元。

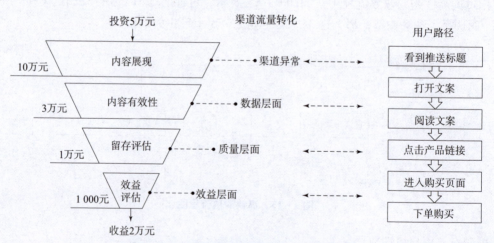

图 9-17　推广渠道流量转化与用户路径对比

首先，要看渠道内容的展现情况。这时我们要关注，假如有 10 万人看到了文案推送，有没有一些异常情况，或者展现的人群和我们的目标人群不匹配。

其次，要看内容的有效性。假如有 30% 的人，即 3 万人打开了我们的文案，这时我们就要对渠道的有效性进行评估。

然后，要关注渠道的留存情况。假如有 1 万人对文案产生了兴趣，看完后停留时间很长,甚至评论、点赞、转发了。

最后,要关注渠道流量的效益,也就是收益评估。假如有30%,即3 000人进入了产品购买页面,有1/3即1 000人最终购买了洗发水。

如果洗发水的净利润是20元/瓶,最终的收益是2万元,赔了3万元,投入产出是负的,这个渠道的评估就是不合格的。

刚才我们说的是渠道流量转化的过程,那么与之相对应的,就是渠道投放的用户路径。我们仍然以丁香医生的微信公众号为例,用户的路径如下:

先看到推送的文案标题,可能会打开文案,然后阅读,觉得文案很有道理,可能会点击产品链接,进入购买页面,最终选择下单。

当然不同的渠道,其投放路径和节点是不同的,我们在产品流程图中曾经学过,这里就不再展示了。

有了大方向的定位之后,我们就可以具体搭建内容评估体系了。

3)搭建内容评估体系

搭建内容评估体系包括两个步骤:

第一步,明确渠道质量评估指标。

如图9-18所示,我们根据流量转化路径和用户路径所处的不同阶段,可以将指标拆分成三类。

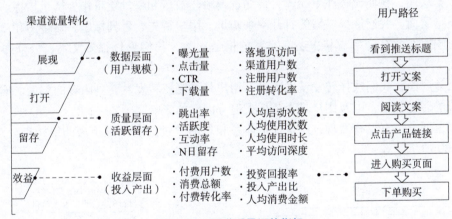

图9-18 渠道质量评估指标

①数据层面,即用户看到推广文案的阶段,用以评估我们选择的渠道,其用户规模和触达用户的情况。

比如,有10万人看到我们的推广文案,取决于文案标题的质量吗?不,是渠道的用户规模,和我们的标题质量没有任何关系。

这时的考核指标主要有曝光量、点击量、CTR(点击通过率)、下载量、落地页访问、渠道用户数、注册用户数、注册转化率等。

②质量层面,用以评估渠道用户的活跃度及流程情况,这时才考核丁香医生这篇文案的标题和内容好不好。

这时的考核指标主要有跳出率、活跃度、互动率、N日留存、人均启动次数、人均使用次数、人均使用市场、平均访问深度等。

③收益层面，用以评估渠道的利润贡献情况，主要考核指标包括付费用户数、消费总额、付费转化率、投资回报率、投入产出比、人均消费金额等。

当然我们的指标也不仅仅是这些，不同的渠道，其指标和公式都是不一样的，我们还是要根据目标选择适合的指标。

第二步，选择具体的指标，搭建质量评估体系。

如图9-19所示，仍然以丁香医生的微信公众号文章为例来进行介绍。

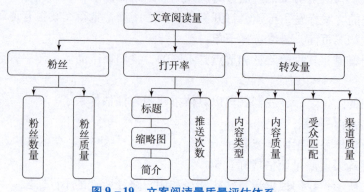

图9-19 文案阅读量质量评估体系

①数据层面，我们比较注重粉丝，最终选择粉丝数量和粉丝质量作为衡量指标。

②质量层面，我们选择文案的打开率来衡量，用户首先会看到标题、缩略图和简介，这些肯定影响文案的打开率，其次还有文案的推送次数，我们见过很多文案，公众号会多次推送。

③收益层面，我们选择转发量来衡量，用户是否愿意转发，受到内容的类型、质量、和受众人群的匹配程度，以及用户是否信任渠道等因素的影响。

不知道同学们有没有发现，质量评估体系和之前学过的层次分析法的结构有一点相似，如图9-20所示。

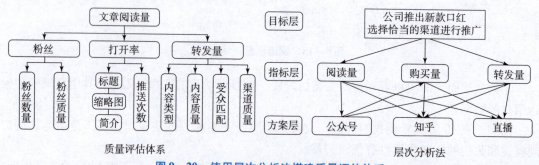

图9-20 使用层次分析法搭建质量评估体系

这时我们就可以使用层次分析法，对不同的指标重要性进行赋分求权重了。

根据数据分析和个人判断，如表9-1所示，我们得出粉丝的权重为40%，其中粉丝数量权重为70%，而粉丝质量权重为30%。

表 9-1 质量评估体系计算过程（一）

项目	粉丝/0.4		打开率/0.4		转发量/0.2			
	粉丝数量 0.7	粉丝质量 0.3	标题、缩略图和简介 0.9	推送次数 0.1	内容类型 0.3	内容质量 0.3	受众匹配 0.2	渠道质量 0.2
丁香医生公众号	4	9	7	8	7	8	9	6
李子柒抖音网红	9	6	6	4	7	6	4	5

丁香医生的粉丝数量远不如李子柒的粉丝数量，因此在粉丝数量上，丁香医生得 4 分、李子柒得 9 分。

然后把他们的得分和权重相乘，可以得到渠道在每一个指标下的最终得分，并将所有得分相加得出最终的得分。比如，丁香医生的最终得分为 6.54 分，高于李子柒的 6.28 分。

因此我们就对内容渠道的效果得出了最终的结论：丁香医生的表现更加优秀。如表 9-2 所示。

表 9-2 质量评估体系计算过程（二）

项目	粉丝/0.4		打开率/0.4		转发量/0.2				得分
	粉丝数量 0.7	粉丝质量 0.3	标题、缩略图和简介 0.9	推送次数 0.1	内容类型 0.3	内容质量 0.3	受众匹配 0.2	渠道质量 0.2	
丁香医生公众号	4	9	7	8	7	8	9	6	6.54
	4*0.4*0.7	9*0.3*0.4	7*0.9*0.4	8*0.1*0.4	7*0.3*0.2	8*0.3*0.2	9*0.2*0.2	6*0.2*0.2	
李子柒抖音网红	9	6	6	4	7	6	4	5	6.28
	9*0.4*0.7	6*0.3*0.4	6*0.9*0.4	4*0.1*0.4	7*0.3*0.2	6*0.3*0.2	4*0.2*0.2	5*0.2*0.2	

同时，我们也可以根据得分来判断，我的文章内容还有哪里做得不好，有没有进一步优化的空间，从而提升内容的质量。

最终，当推广渠道的数据真的提高了，我们也能够了解，我们的内容哪里做得好，才受到了用户的喜欢。而不是说，这次效果特别好，但是我们根本就不清楚为什么会成功。等到下次推广时，还是碰运气，那肯定是不行的。

至此，我们系统地学习了从内容的生产、呈现、传播到最终评估的整个过程。

我们前面也说过，内容的创作是最简单的，也是最难的。它存在于生活的每一个角落，如此平常，却是人类不可缺少的精神食粮。通过内容成为大 V、网红的人，前仆后继，但是能够靠创作养活自己的人，可能 1% 都不到。我们创作内容的时候，受限于各种各样的指标考核，但是内容的创作却是最自由和无限的。这就是内容。它用最残酷的形式，包裹着最美好的梦想。最后一句话送给同学们：愿你走出半生，归来仍是少年。

3.3.8 企业实操演练-9. 撰写产品宣传文案及视频脚本

4. 项目策划

项目策划书

项目九 内容生产的方法					
项目名称	撰写产品宣传文案及视频脚本2				
项目目标	首先明确用户需要推广的产品，根据用户推广的目标，使用5Y分析法分析产品营销方案，寻找产品卖点；并确定推广渠道、内容形式及文案选题，在下一个项目中完成内容的最终生产与传播				
项目说明	1. 根据选题搭建文案框架和逻辑，收集文案素材； 2. 至少撰写3个标题，并选出优质标题； 3. 完成内容生产、传播和评估				
项目工具	Teambition		项目时间	90分钟（包含课后）	
项目管理流程					
序号	任务名称	说明	负责人	KPI	时间
1	搭建文案框架	构建提纲	成员A	1分	10分钟
2	寻找文案素材	素材不少于3个	成员B	1分	20分钟
3	撰写标题	标题不少于3个	成员C	1分	15分钟
4	撰写文案内容	至少含2种形式	成员D	1分	10分钟
5	完成辅助内容	如视频、动图等	任意成员	1分	10分钟
6	内容发布	在私域流量中发布	任意成员	1分	10分钟
7	内容评估	搭建评估模型	队长	1分	15分钟
项目评审（10分）					
企业点评（40%）						
教师互评（10%）						
小组互评（20%）						
小组自评（20%）						
自评（10%）						

5. 项目执行

打开网址进入虚拟仿真实训平台：http://xnfz.lnve.net:9003/#/projectDetails?courseid=882。

Teambition项目执行流程示意图，如图9-21所示。

项目九 内容生产的方法　　165

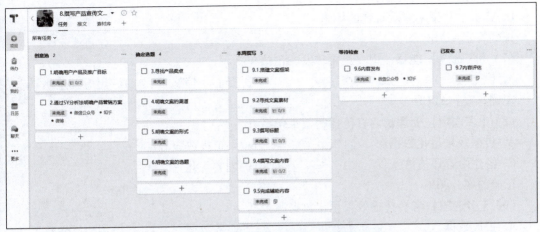

图 9－21　Teambition 项目执行流程示意图

6. 项目监控

我们可以将内容生产的方法与项目监控有效地结合起来,高效、准确地撰写产品宣传文案及视频脚本,并符合项目目标。我们通过 Teambition 监控任务的完成情况。

(1)【多选题】引发流行的法则包括(　　)。
A. 关键人物　　　B. 附着力　　　C. 热点内容　　　D. 环境威力
正确答案:ABD

(2)【多选题】KOL 包含的主要类型有(　　)。
A. 行业专家　　　B. 大 V　　　C. 网红　　　D. 明星
正确答案:ABCD

(3)【多选题】如何生产出有附着力的内容?(　　)
A. 营销创意　　　B. 热点　　　C. 知识　　　D. 感情记忆点
正确答案:AD

(4)【多选题】什么样的标题能让用户想点开?(　　)
A. 紧迫　　　B. 独家　　　C. 准确　　　D. 好处
正确答案:ABCD

(5)【多选题】简单来说,所有刷屏文案,基本是一个套路,包括(　　)。
A. 用一个人们都熟悉的场景
B. 讲一个让人心肝一颤的故事
C. 故事里加入一个大多数人都不知道但又很想知道的秘密
D. 谁分享了这个秘密,就能获得其他人的点赞
正确答案:ABCD

(6)【多选题】疯传六原则中的社交货币的内涵包括(　　)。
A. 观众会先评估一下,转发这篇文章是不是能让别人觉得自己高端、大气、上档次
B. 越是能让自己有面子、越能抬高自己身份、越能让别人佩服的,人们就越愿意转发

C. 能够给我创造价值的内容
D. 能够给我带来好玩有趣的体感
正确答案：AB

(7)【多选题】能够让用户想要转发的情绪包括（　　）。
A. 惊奇　　　　　　B. 兴奋　　　　　　C. 开心、愤怒　　　　D. 焦虑、悲伤
正确答案：ABCD

(8)【多选题】要评价内容传播的效果包括（　　）。
A. 传播效果量化数据源　　　　　　B. 渠道投放核心点
C. 搭建内容评估体系　　　　　　　D. 内容优化
正确答案：ABC

(9)【多选题】考核传播效果量化数据源包括（　　）。
A. 投放数据　　　　B. 行为数据　　　　C. 业务数据　　　　D. 用户属性数据
正确答案：ABCD

(10)【多选题】销售类文案渠道投放的用户路径包括（　　）。
A. 看到推送的文案标题　　　　　　B. 打开文案，阅读文案
C. 点击产品链接，进入购买页面　　D. 下单购买
正确答案：ABCD

(11)【多选题】数据层面的数据包括（　　）。
A. 曝光量　　　　　B. 点击量　　　　　C. 下载量　　　　　D. 注册用户数
正确答案：ABCD

(12)【多选题】用户流量转化路径中产生的数据类型包括（　　）。
A. 数据层面，评估用户规模　　　　B. 质量层面，评估活跃留存
C. 收益层面，评估投入产出　　　　D. 效果层面，评估用户质量
正确答案：ABC

(13)【多选题】文章的阅读量受到以下哪些数据的影响？（　　）
A. 粉丝量　　　　　B. 打开率　　　　　C. 转发量　　　　　D. 推送量
正确答案：ABCD

(14)【判断题】要想让营销创意引爆网络，就要在正确的时间，用正确的人转发让人过目不忘的内容。（　　）
正确答案：√

(15)【判断题】疯传六原则的本质，就是要激发人们的转发欲望。（　　）
正确答案：√

(16)【判断题】如果想让用户转发我们的文案，文案的内容自己不熟悉，和自己关系不大的时候，用户更愿意转发。（　　）
正确答案：×

(17)【判断题】文案的主题如果用户一眼就能看出来，非常明确、显眼，用户就不想转发了。（　　）
正确答案：×

(18)【判断题】文案要实用，就是看这篇文章里面有没有能让大家奔走相告的消息，

这个消息价值越大，人们就越愿意转发。（　　）

　　正确答案：√

　　(19)【判断题】如果文章以讲故事的形式表达，而且故事简单，用户并不想转发。
（　　）

　　正确答案：×

　　(20)【判断题】行为数据主要指业务在流程节点上产生的数据。（　　）

　　正确答案：×

　　(21)【单选题】以下哪个选项，不影响标题的打开率？（　　）

A. 粉丝数量　　　　　B. 标题质量　　　　　C. 标题配图　　　　　D. 标题说明

　　正确答案：A

7. 项目评审

序号	任务	作用
1	【成果】产品宣传文案、视频脚本	成果展示
2	【标准】过程考核表	明确项目评分标准

过程考核表				
项目名称		撰写产品宣传文案及视频脚本2		
项目类别		项目策划类	项目总分	10分
项目评分标准				
序号	任务名称	任务要求		项目得分
1	搭建文案框架	构建提纲		1分
2	寻找文案素材	素材不少于3个		2分
3	撰写标题	标题不少于3个		2分
4	撰写文案内容	至少包含2种形式		2分
5	完成辅助内容	如视频、动图等		1分
6	内容发布	在私域流量中发布		1分
7	内容评估	构建评估模型		1分
项目评分得分（10分）				
企业录取（40%）				
教师点评（10%）				
小组互评（20%）				
小组自评（20%）				
自评（10%）				

8. 项目拓展

扫描二维码领取拓展资源

3.3　抖店主播的直播间实操 2024 年

模块四　用户运营

项目十

什么是用户运营

项目结构

任务 10.1　什么是用户运营
任务 10.2　什么是用户画像
任务 10.3　什么是用户分层

任务目标

素质目标	1. 坚守用户数据隐私，具备安全保护意识
	2. 树立为产业实现数据驱动的数字辽宁意识
	3. 具备用数据思维处理用户运营的大国智匠理念
	4. 具备数据归因指标体系搭建力
	5. 培养延迟满足的内生动力
知识目标	1. 理解互联网生态下，用户运营的底层逻辑
	2. 根据项目诉求，对用户数据进行采集和清洗
	3. 能够把握用户分层的定义和作用
	4. 理解用户生命周期模型的用户分群
	5. 能够完成数据化用户分层 RFM 的计算和分类
能力目标	1. 根据竞品项目呈现推导项目路径
	2. 能够把握并挖掘用户需求和行为特征
	3. 能够进行风险排查并保证项目合法合规
	4. 具备精准化的用户细分能力

1. 项目导入

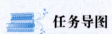任务导图

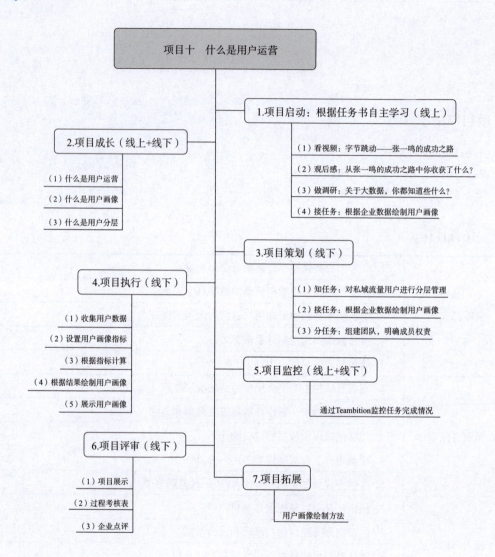

2. 项目启动

序号	任务	内容
1	看视频	【视频】字节跳动——张一鸣的成功之路① 扫码观看视频： 4.1.1 项目启动-字节跳动——张一鸣的成功之路
2	观后感	【讨论】从张一鸣的成功之路中你收获了什么？
3	做调研	【问卷】关于大数据，你都知道些什么？
4	接任务	【任务】根据企业数据绘制用户画像

3. 项目成长

同学们还记得图10-1互联网运营架构这幅图吗？在之前的课程中，我们详细学习了产品运营和内容运营。本项目我们来学习最后一块大的内容——用户运营。

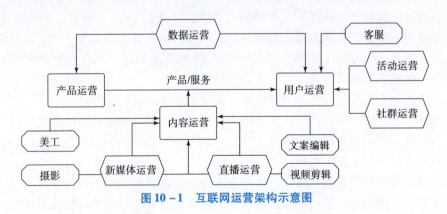

图10-1 互联网运营架构示意图

(1) 什么是用户运营

4.1.2 什么是用户运营（1）

4.1.3 什么是用户运营（2）

---

① 创异文化社. 努力就一定能成功吗？揭开商业大佬的成功秘籍 [DB/OL]. https://www.bilibili.com/video/BV1Cz4y197RB/? spm_id_from =333. 337. search - card. all. click&vd_source = d3051e523089f42bc10924029c79d71d.

在学习具体的技能前，我们将从三个维度系统地了解一下什么是用户运营。用户运营知识体系如图 10-2 所示。

```
1 岗位类型  ➤  ·销售
              ·客服
              ·活动运营
              ·社群运营

2 工作内容  ➤  ·了解用户
              ·管理用户生命周期

3 技能要求  ➤  ·逻辑梳理能力
              ·用户/数据思维
              ·懂营销玩法
```

图 10-2　用户运营知识体系

1) 用户运营的概念

用户运营这一概念听起来比较难理解，如图 10-3 所示，简单来讲，用户运营其实就是围绕用户这个群体展开工作的人。

 以用户为中心，根据产品特点和用户需求，制定运营策略与目标，设置运营活动和规则，最终实现产品用户增长的目的。

图 10-3　用户运营的定义

运营解决的是战略之下、执行之上的问题。

同学们可以试想一下，你报了一个网易云课堂，或者在 keep 上健身，或者在淘宝上购物，那你可能会在哪些环节或者通过哪种方式，与其工作人员进行交涉、留言或者沟通？

你可以在产品 APP store 评价中，说出产品的哪些功能不好；或者你上培训课时，有些地方没学会，在微信群中联系老师，想让老师给你解释一下；或者你健身时，有人来督促你坚持锻炼；或者你买东西时和店家出现纠纷，需要淘宝来仲裁；等等。

在上述环节处理你的留言，与你互动的人，你就可以将其理解为用户运营。

这么一解释，可能有些同学会觉得：" 哦，那我好像知道用户运营是干什么的了，但是听上去用户运营特别像客服、销售。"

难道用户运营就是客服或销售吗？他的技术含量就这么低吗？

当然不是，上述内容只是用户运营的前端，就是你通过各种渠道，如社区社群，与用户交流，了解用户对产品的感受和想法等。

用户运营的后端就是，我们需要去加工这些信息了。比如，他们反馈哪个产品使用效果好，然后他们反馈更需要什么样的运营服务。通过什么样的产品优化，能够提升用户的体验，从而让用户待在我们的产品里，不会流失，甚至让更多的用户进入我们的产品。

也就是说，销售、客服跟用户运营的主要区别在于其目的不同，具体如图 10-4 所示。

客服的目的是收集信息，解决用户的临时性需求即可。比如用户觉得我们最好有一个群来沟通一下，但是客服并不会给用户建一个群来直接沟通。

销售的目的是转化，就是将产品卖出去。比如让客户买培训课程、买某平台的会员，在阿里巴巴国际站上开店铺，等等。虽然销售可能建一个群与用户沟通，但是他最终的目的是让用户购买或者下载产品。

图 10-4　用户运营及相关岗位的区别

用户运营的目的是通过和用户沟通，获取用户反馈，更好地服务用户，优化产品，实现用户对产品的认同感，持续地待在产品里，并让更多的人进入产品。

与用户运营更加相近的是社群运营。

一般来说，规模较小的公司，用户运营基本上就等同于社群运营。因为小公司承载用户的渠道基本就是由一个个社群组成的，用户的整个生命周期几乎都是在社群中度过的。

但是在规模较大的公司，基本上是使用 APP 或者网站等工具来承载用户，所涉及的工作和用户的生命周期也非常复杂。

比如一个小书店，其用户运营的工作基本就是在微信群里组织活动、发消息，和用户互动等。

但如果是微博，拥有 5.7 亿的用户，就无法一个个去沟通了，这时用户运营的工作就是根据用户画像对不同的用户进行管理。

因此，我们需要根据企业的规模、运营模式来决定用户运营的工作内容和职责范围，不能一概而论。

2）用户运营的工作内容

那么用户运营究竟是做什么的呢？其最基本的工作内容就是四个字：了解用户，如图 10-5 所示。

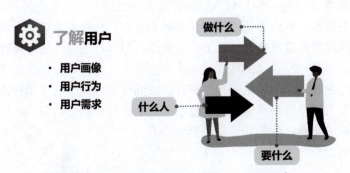

图 10-5　用户运营的工作内容——了解用户

作为用户运营，你需要知道你的用户是什么样的人。他们在你的网站或者 APP 上做了哪些事情，以及他们想要的是什么，也就是对应着用户画像、用户行为以及用户需求。

①用户画像。

绘制用户画像如图 10-6 所示。

整天泡在知乎里的人，跟每天用美图秀秀自拍的人，肯定不是同一批人。前者是国内最

- **用户画像**

图 10-6 用户运营工作内容——绘制用户画像

大的内容分享型网站；后者是大受女性群体欢迎的美图软件。

二者的用户画像肯定不同。

用户的基本信息，其实都需要去了解并掌握，包括用户是男性还是女性，来自哪个城市，年龄分布是怎样的，主要的学历分布是怎样的，等等。

这些数据都是用于分析用户的重要资料。当你收集到足够多的信息，并且能够从多个维度去分析时，作为运营人员，就能通过分析结果来采取有针对性的运营策略，选取恰当的运营工具以及策划运营活动，来达到你想要的目的。了解用户画像，这是最基本的工作。

②用户行为。

除此之外，我们还要研究用户行为。

举个例子，假如你是一家饭店的老板，那你肯定要知道用餐高峰时刻什么时候会来，什么时段爱吃什么样的菜，一般吃多久等。通过日常观察和消费记录，你会发现一定的消费规律。然后根据这些规律来调整菜品及服务，让顾客更加满意，更愿意来饭店消费。

这就是网站或者 APP 端的用户行为数据很重要的原因了。

通过分析这些数据，你能够知道用户什么时候会来，什么时候可能会离开你的网站，什么时候用户的活跃度更高以及什么情况下会流失掉，怎样才能更大程度地提高用户对网站或者 APP 的黏性。

用户的这些行为操作体现了他们的很多特征，同样可以用于完善用户画像，使用户分级更加精确化，以及为用户策略和运营动作提供有效的执行依据。收集到的用户行为操作信息越多，用画像也就越精确。我们能够做的运营动作也会更加精确有效。

③用户需求。

当你已经对用户画像十分熟悉，并且知道他们的行为路径之后，就可以挖掘用户需求了。我们可以利用黄金圈法则，如图 10-7 所示，挖掘用户的真实需求，一共包括三个层面。

第一层，What（做什么），即用户告诉你的需

图 10-7 黄金圈法则

求,比如你通过问卷调查或者用户反馈所收集到的信息等。

第二层,How(怎么做),即用户表现出来的需求,就是说用户在使用产品、选择产品时的动作和结果,这可以对用户需求进行行动表达上的证伪。

第三层,Why(为什么),即用户内心真正的需求,也就是用户一系列动作背后的原因,为什么要使用这个产品而不去使用其他产品等。

我们通过这三个层面,就能更好地发现需求、验证需求,进一步去挖掘需求,最终识别出用户真正的消费动机。打破事物的现象,看到事物的本质,从而做出最佳的选择。

同学们可以扫描右侧视频二维码,拓展学习需求分析法之5W2H+不重叠分析法则,以帮助我们更好地挖掘用户的深度需求。

4.1.4 需求分析法-5W2H+不重叠法则

用户运营第二个主要工作内容就是管理用户的生命周期。

这个生命周期其实指的就是新增、留存、转化、复购、召回这几个阶段。

下面以饭店为例进行介绍,如图10-8所示。

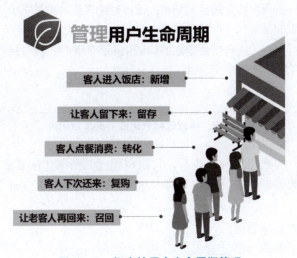

图10-8 饭店的用户生命周期管理

新增就是指饭店来了很多新客人,新客人越多,意味着饭店的客流量越大。但是客流量大并不意味着饭店一定挣钱,因为有的客人进店后发现这里脏乱差,或者看了菜单没有发现自己想吃的菜。

这时我们就要想办法让顾客留下来,这就是留存。

当顾客点菜消费了,这就是转化。但是我们作为饭店老板,肯定是希望顾客吃了第一次,再来吃第二次。这时我们就需要不停琢磨复购这件事情了。

但是也有一种情况,有些老顾客来饭店消费的次数越来越少,到最后干脆不来消费了,可能是吃腻了。这种情况下我们就要想办法让这些流失的顾客重新回到饭店消费。可以给他发短信,说店铺周年庆礼,菜品打八折。也可以告诉他,来店就送两盘凉菜,这就是在召回用户。

回到实际的工作中,其实我们也就是围绕着用户的新增、留存、转化、复购和召回这几个工作,通过不同的运营手段(如组织活动)让用户参与,做促销打折增加用户的付费意愿,让用户一次又一次地回到我们的网站,使用我们的APP,成为我们的付费忠实用户。

3)用户运营的技能要求

最后一部分,我们来学习身为用户运营,需要掌握哪些重要的技能。下面主要介绍对用户运营来说比较重要的底层技能。

第一,逻辑梳理能力。

无论是分析用户行为还是管理用户生命周期,都是非常考验逻辑梳理能力的。我们要从庞大的用户群体中有理有据地做好分类,让不同类型的用户获得很好的服务体验,让用户对网站或APP产生足够的黏性。体现逻辑梳理能力的工作职责如图10-9所示。

> **工作职责:**
> 1. 通过数据分析,在平台内,构建用户分层体系,并制定相应的精细化运营策略;
> 2. 分析用户转化路径和场景,设计快速高效的增长实验,通过快速迭代不断优化用户转化漏斗;
> 3. 对用户,进行生命周期的精细化运营和管理,提升用户留存率和对APP的忠诚度。

图10-9 体现逻辑梳理能力的工作职责

比如,在平台内,构建用户分层体系,并制定相应的精细化运营策略;对用户,进行生命周期的精细化运营和管理,提升用户留存率和APP的充分度。这些就是对逻辑梳理能力的基本要求。

第二,用户思维和数据思维。

可以说,这两种思维能力是运营人员必备的底层能力。

例如挖掘用户需求,分析用户行为,这些工作都需要从用户的角度去切入,才能得到比较可靠的分析结果。

比如分析用户特征和需求,不断改善用户体验,对用户心理有深入的研究。同时数据思维能够帮助我们更有条理地去归纳信息,指导我们在工作中要重视数据,对数据敏感,有很强的数据分析能力。体现用户思维和数据思维的工作职责如图10-10所示。

第三,对产品的反思与优化。

最后一点,就是你要尽可能对产品有思考,千万不要把自己局限成一个客服,或者局限成一个只是会在社群当中做活动的人。

你要想到的是,通过活动,通过你的用户调查,通过你的接触,用户反馈的这些信息对你的产品有哪些改善作用,并且你可以参与到哪些环节当中。因为只有这样,你才可能实现横向发展。也就是说,同学们要通过整合用户的这些信息,来尝试自己去推动业务,这是最重要的。

因此,作为一名运营人员,我们要永远保持多思考、多学习、多探索的状态与习惯。

项目十　什么是用户运营

> **任职要求：**
> 1. 对数据敏感，有较强的数据分析能力与逻辑能力；
> 2. 有用户运营、社群运营经验优先；
> 3. 具有较强的数据分析能力以及数据分析工具技能，能够通过数据发现核心问题，推导运营策略，善于运用数据驱动用户增长方案优化。

图 10-10　体现用户思维和数据思维的工作职责

（2）什么是用户画像

如前文所述，用户运营的第一步，就是了解用户。

那么如何系统地了解我们的用户呢？最常用的方法就是绘制用户画像。

用户画像，可以说是大数据时代一个老生常谈却又长久不衰的话题，无论什么公司都在做用户画像。在这个人人都喊"数据驱动业务"的时代，如果你不懂用户画像，不做用户画像，你可能都不好意思跟别人聊业务。关于用户画像的思考如图 10-11 所示。

为什么要做用户画像，不做可不可以？

如果一定要做用户画像，我们在什么场景下使用用户画像？

最终怎样才能把它真正落实到业务中来帮助我们优化产品和服务。而不是开发了很多标签，放在数据库里吃灰。

4.1.5　什么是用户画像

做用户画像之前的几个小思考

- 是不是一定要做用户画像？
- 为什么要做用户画像？
- 什么场景下需要使用用户画像？
- 怎样才能把它真正落实到业务中？

图 10-11　关于用户画像的思考

做之前多问几个"为什么"，最终项目落地的可能性就大了很多。只有把这些问题一步步想清楚，做仔细，才能最终落实到实际的业务中，发挥用户画像真正的价值。

1）什么是用户画像

如图 10-12 所示，用户画像是指根据用户的基本属性、用户偏好、生活习惯、用户行为等信息而抽象出来的标签化用户模型。

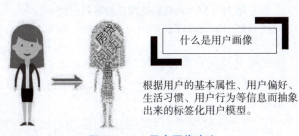

什么是用户画像

根据用户的基本属性、用户偏好、生活习惯、用户行为等信息而抽象出来的标签化用户模型。

图 10-12　用户画像定义

每一个标签及标签权重是表征用户偏好的一个向量。一个用户可以理解为多个偏好向量（标签）的和。

简单来讲，基于你在互联网上留下的种种数据，将其通过加工产生一个个刻画你兴趣偏好的标签组，这就是用户画像。

比如互联网大数据眼中的我，就是一堆标签：女、教师、宝妈、吃货、旅游……

2）用户画像使用场景

①用户分群运营。

通过用户画像的标签筛选，筛选出不同的用户群，用户的需求千差万别，通过用户画像，可以帮助你洞察不同用户的特征和偏好，针对不同的用户群，推送不同的内容，从而实现对高潜用户的精细化运营，让行动有的放矢。

以电商为例，用户画像在电商行业中的应用主要体现在以下几个方面：

A. 商品推荐：基于用户的历史购买记录、浏览记录等数据，电商企业可以对用户进行分类，从而向不同类别的用户推荐不同的商品。

B. 营销活动：通过对用户画像的分析，电商企业可以更好地了解用户的消费习惯和偏好，从而设计更加精准的营销活动，提高活动的转化率和效果。

C. 客户服务：基于用户画像，电商企业可以更好地了解用户的需求和问题，提供更加个性化的客户服务，提高用户的满意度和忠诚度。

②精准的行动触达。

我们给用户贴标签的最终目的，就是要给锁定好的目标用户，通过小程序弹窗、公众号消息、APP 推送、发送站内信等方式（见图 10-13），与用户进行有效的互动，精准地推送他们想看的、感兴趣的内容，实现个性化推荐。

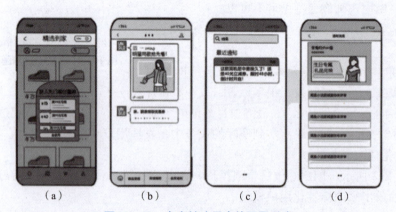

图 10-13　内容触达用户的不同形式

（a）小程序弹窗；（b）公众号消息；（c）APP 推送；（d）发送站内信

以社交平台为例，社交平台是用户画像应用的重要场景之一，其应用主要包括：

A. 好友推荐：社交平台可以通过对用户的社交关系、兴趣爱好等信息进行分析，向用户推荐更加合适的好友和群组。

B. 内容推荐：基于用户画像，社交平台可以向用户推荐更加符合其兴趣和需求的内容，提高用户的阅读体验和留存率。

比如抖音、头条、快手好像总是知道我们喜欢什么，这正是因为它们都有着强大的算法，把我们喜欢看的内容、关心的话题放在我们面前。

C. 广告投放：社交平台可以根据用户画像的特征，向其投放更加精准的广告，提高广告的点击率和转化率。

③用户统计与战略布局。

通过用户画像,我们可以清楚地知道用户的分布特征和走势、消费习惯、消费偏好,分析不同地域品类消费差异,从而布局运营策略。

比如喜欢买牛仔裤的主要是广东人;而喜欢买连衣裙的主要是江浙一带的人。在"双十一"时,商家就可以提前把牛仔裤运送到广州的仓库,而把连衣裙放在杭州的仓库,从而节约快递费用,提升配送时间。

3)到底需不需要用户画像

用户画像其实是一个非常复杂庞大的工程,那我们究竟要不要做呢?只要想清楚以下三个问题,就可以得到答案。

①我们的业务中是否有能用到用户画像的场景?

比如我们有没有用户分层、智能触达和个性化推荐这些基本功能。

因为个性化推荐等功能一般需要在阿里妈妈达摩盘、腾讯广点通等 DMP 付费平台上购买,如果公司根本就没有这些功能,就真的没必要做用户画像了,因为即便做了,也没办法给用户做个性化推荐。

②是否一定要通过用户画像实现场景的触达?

用户画像本身是一个非常浩大的工程,十分耗时耗力,包括数据采集、标签体系搭建、标签权重计算等内容。图 10-14 是用户画像标签体系,内容非常庞杂,并不需要每一个标签都进行计算或者考量。

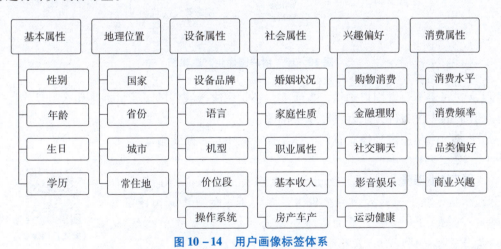

图 10-14　用户画像标签体系

这个过程本身是非常复杂的。因此我们也要考虑有没有其他的方案代替用户画像。

③是否有对应的服务或运营方案来落地?

如果确定要做用户画像了,那么做完画像后,我们有没有对应的产品服务或运营方案,能够给不同的用户推送个性化的内容,并且不让用户产生反感。

比如滴滴打车的"宰熟"事件——越是爱打车的,买了会员的,反而价格更高,被用户发现之后,对品牌的负面影响巨大。

以上问题如果没有想清楚,就盲目做用户画像,结果很可能就是弄出来的用户画像远离业务，没有实用价值，被业务部门讥讽为"大而无用"的鸡肋产品。

所以在规划用户画像时，一定要有目的性和场景感，如图10-15所示，不能只做表面文章，而不重视实际应用价值。

图10-15 用户画像目的性和场景感

这里需要强调一点，不是因为我们有了用户画像才能驱动和提高业务，而是为了驱动和提高业务，才需要去建立用户画像。这是很容易犯的因果倒置的错误。

如果以上的问题想清楚后还是要做，那我们就要认真筹划用户画像怎么做才有价值。

正如图10-16所示，想要知道用户是什么样的，就需要明确用户的需求、场景、时间，从而实现用户增长，提升用户体验。

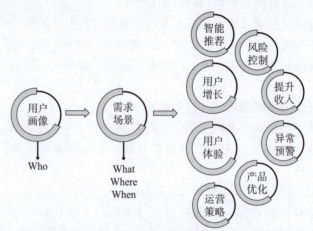

图10-16 用户画像生产逻辑图

但是到底要不要做用户画像，本质上，还是取决于我们的运营目标是什么，其实运营目标才是我们的先决条件，千万不要本末倒置了。

至于如何绘制用户画像，我们会在实操视频中进一步讲解。

【拓展小课堂】在互联网世界，我们面对数以亿计的用户群体，本质上就是为这些用户提供满足他们诉求的服务，因此具备同理心是每一个运营人员的必备基本功，快来扫描视频二维码，看看什么才是同理心，以及如何提升我们的同理心吧！

【素质】同理心

（3）什么是用户分层

一个互联网产品，少则有几十万的用户，多则上千万甚至上亿的用户，这么多用户，我们想提升其价值，要怎么管理呢？

我们一定要对用户进行拆解，按照一定的规律把他们分类，找到影响每一类用户价值的因素都有哪些。如果我们无法把这些用户拆解清楚，我们就根本没办法对他们做任何动作。所以用户运营本质上就是将用户进行分层，就是以用户为中心的精细化运营管理，目的是提升用户的平均单位价值，如图10-17所示。

4.1.6 什么是用户分层

最常见的比如抖音的个性化推送视频、淘宝的千人千面，都是依托用户分层的以用户为中心的精细化运营逻辑，如图 10 – 18 所示。

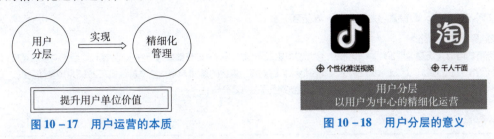

图 10 – 17　用户运营的本质

图 10 – 18　用户分层的意义

如果我们要进行精细化运营，那为什么还要进行用户分层管理呢？其原因如图 10 – 19 所示。

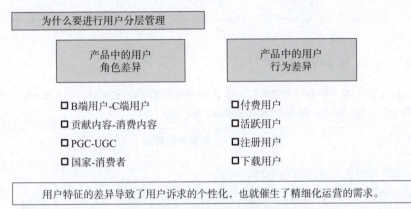

图 10 – 19　用户分层管理的原因

其实原因特别简单，就是我们在一款产品中存在各种角色差异。比如，角色可分为 B 端用户和 C 端用户、贡献内容的用户和消费内容的用户，等等。这些用户从角色上来说，就会有本质上的差异，这些角色的不同，决定了他们在一款产品的内部所发生的行为、贡献的价值是不同的。

此外，还存在用户行为的差异。比如付费的差异、活跃度的差异……

用户处在不同的行为特征上，其诉求也是不同的，这样的不同，势必导致我们没有办法用一个方案去解决用户的诉求，也就催生了精细化运营的需求。

来看一个案例，猫眼电影的产品主要是 UGC，但同样是 UGC，其用户的角色有很大区别：有名人，如于正，就是《延禧攻略》的制片人；有达人，包括电影记者、影评人、电影频道主编等，也会发表一些 UGC 的评论；还有普通用户也会对电影进行评论。图 10 – 20 ~ 图 10 – 22 分别是不同用户的留言和评论。

> 谭卓 ★★★★★　2018-08-06 16:02:38
> 如何评价《延禧攻略》里的高贵妃？
> 昨天《延禧攻略》高贵妃下线了，看到了很多网友给我留言说"可爱迷人的反派角色高贵妃下线了，舍不得"，很欣慰，也很感动。之前网上大家说"原来高贵妃才是《延禧攻略》里最单纯的人"，我觉得说的一点没错，因为我眼里的高贵妃就是一个很单纯的人。人们经常会误解，觉得"单…（展开）

图 10 – 20　演员谭卓在豆瓣的留言

伯符★★★★★ 2023-01-29 13:21:07

蒯刘慈欣专业户：面壁者马兆、执剑人周喆直

| 这篇影评可能有剧透

作为科幻电影，《流浪地球2》是一座冰山。你能在电影院看到的所有的细节都像是浮在水面的部分。当你向水底观察，又会发现惊人的质量。《流浪地球2》是《流浪地球》的前传，讲述的是2044年太空电梯危机和2058月球坠落危机。以下第一部分是剧情梳理，不需要梳理的话可以直接跳到下...（展开）

△ 4862 ▽ 37   520回应

图 10–21 豆瓣达人的评论

MrJ 🛒
2019-06-21 ★★★★☆   👍 34051

中国的大年初一第一部电影，感觉很不错，能说中国的科幻电影现在已经进入了一个新时代。电影的慢镜头以及细节都做的很到位，有一种灾难片的既视感。综合好评

图 10–22 豆瓣网友的评论

- 同样是UGC，其用户的角色也会进行区分。

其背后一定有这样一个模型，面向 UGC 将用户分为四类，包括明星、影评人、优质 UGC 用户、内容消费用户，如图 10–23 所示。

每一类人的诉求是什么，我们希望他们在站内扮演什么角色，会有显著的差异，包括我们要给他们的价值和回报。我们首先要将他们界定出来，然后针对每一类用户制定不同的运营策略。是这样的分层，支撑了产品整个 UGC 板块顺畅运转。

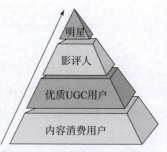

图 10–23 猫眼电影的用户分层

接下来还是以猫眼电影为例，我们不是针对UGC，而是针对全站用户，那么猫眼电影是怎么做的呢？

猫眼电影从另一个维度进行了分类，包括普通用户、电影爱好者、电影发烧友、活动发烧友，如表 10–1 所示。

表 10–1 根据用户贡献度对用户的分层管理

近 30 天的周贡献量	用户数占比/%	用户类型	用户特征	运营措施
1	75	普通用户	一般购票用户	通过个性化 push，提升转化
2	18	电影爱好者	专注院线片，有贡献动力和能力	结合院线片的热点活动

续表

近30天的周贡献量	用户数占比/%	用户类型	用户特征	运营措施
3	5	电影发烧友	不限院线片，电影覆盖面大，有鉴别能力	有策划性的内容或活动
≥4	2	活动发烧友	容易被活动激励，贡献力量	有礼品或榜单的高产出活动

猫眼对于不同的用户，根据其特征进行了界定。比如，电影爱好者通常比较专注院线片，有对平台做贡献的动力和能力，而电影发烧友则不仅限于院线片，电影的覆盖面更大，有较高的鉴别能力，等等。

针对不同用户的运营措施也是不同的。以"购票"这个行为为例：针对电影爱好者，可以结合院线片，有针对性地策划一些热点活动；面向电影发烧友，我们要从更大范围的电影里，找出一些更长期、更持久的话题，如小众文艺影片的赏析会、交流会，通过这样的活动和内容，去刺激这类用户。

由此可以发现，即便是同一种产品，也会存在多种不同角度的用户分层运营，从不同的角度进行划分，然后有针对性地做精细化的运营。

因此，我们真正做好用户运营的前提是什么呢？其实就是做好用户分层，如图10-24所示。

> 用户细分是用户分层运营的前提
>
> 用户分层运营的前提是用户细分，通过先有效细分用户，再定向执行策略来实现更高效的精细化运营。

图10-24 用户分层管理的前提

我们要找到合适的角度、合适的方式，对用户进行切割，只有有效地完成用户的细分，我们才能定向地针对每一类用户进行更高效的精细化运营，所以知道有哪些常用的用户细分方式和角度，对用户细分非常重要，这也是后面的视频会和同学们细说的内容。

但是，在用户细分之前，我们还要进一步加深对于用户分层运营的认知。

如前文所述，用户分层的核心就是找到合适的方式对用户进行划分，最简单的划分方式就是以用户的成长路径为中心，如图10-25所示。

比如在一款付费类产品当中，用户从注册到完成购买的过程中存在一个路径，我们可以按照用户当前所处的阶段或环节来对其进行划分。

对每一个阶段上的用户进行一些动作。重点是，还有一个分层的延伸：分层这件事，是可以嵌套的。

举个例子，还是在这个用户成长的划分里，针对已经完成购买的用户，假设我们觉得对于他们的策略还是太粗放了，没有办法做到一个策略对所有用户都特别高效，接下来，对于付费用户，我们要进一步细分，将其分为群体A、B、C，再针对这三类群体做个性化的运营，从而实现对于付费用户的高效运营和价值提升。所以分层不是一维的，它可能是多维

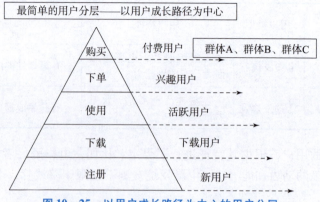

图 10-25　以用户成长路径为中心的用户分层

的,并且是嵌套的。

以淘宝为例,某淘宝店铺也会对付费购买的消费者进行细分,如首次购买用户、价格敏感类用户、高频高值类用户等。

市场上将用户分层又区分成两个概念,如图 10-26 所示。

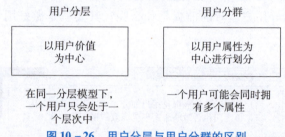

图 10-26　用户分层与用户分群的区别

第一个概念为用户分层。

在这种语境下,用户分层是什么意思呢?它是指以用户价值为中心,对用户进行切割,在同一个用户分层下,单一一个用户只会处于一个分层当中。

第二个概念为用户分群。

在这种解读中,用户分群是以用户属性为中心进行划分的,一个用户可能拥有多个属性。这是什么意思呢?比如,我们以用户价值为中心来划分,我们的用户是已经付费了还是没有付费,是高价值、中价值用户,还是低价值用户,是活跃用户还是沉默用户,一个用户只会在一个层级里面,这叫分层。

分群、用户属性是什么呢?可能是这个用户身上的某一类标签,比如,喜欢在晚上睡前看书的用户,喜欢在周末的下午使用我们产品的用户,以及喜欢在上班路上使用我们产品的用户,这叫作用户属性。一个用户可能会表现出多个属性,这些属性之间不是非此即彼、完全互斥的。

按照图 10-25 来说,按左边的这个维度来划分,就是分层的概念。一个用户只会处于某一个阶段、某一个层级,不会同时处于多个阶段。

但是,我们对付费用户做了群体 A、B、C 的划分,这更接近于分群的概念。这个用户可能既拥有 A 群体的特点，又拥有 C 群体的特点。

这里对分层和分群进行了区分，但并不是市场上所有的企业或者从业者都这样区分。因此，我们用一句话来总结，用户分层的本质是一种以用户特征、用户行为等为中心对用户进行细分的精细化运营。

4.1.7 企业实操演练-10. 通过用户分层，策划运营方案

4. 项目策划

项目策划书

项目十　什么是用户运营					
项目名称	通过用户分层，搭建用户标签体系				
项目目标	通过对企业用户数据的采集和数据分析，建立用户分层 RFM 模型，并根据用户生命周期和 AARRR 模型，制定用户画像的标签体系和指标规则				
项目说明	通过入驻企业，采集企业用户数据，制定分层指标，构建 RFM 模型，对用户进行分层，然后根据用户生命周期和 AARRR 模型，制定分层促活策略				
项目工具	Teambition		项目时间	100 分钟（包含课后）	
项目管理流程					
序号	任务名称	说明	负责人	KPI	时间
1	明确企业的目标	企业推广目标	队长	1 分	20 分钟
2	采集用户数据	入驻企业数据	成员 A	1 分	10 分钟
3	分析用户生命周期	定义指标	成员 B	1 分	10 分钟
4	分析用户的 AARRR 阶段	分析运营策略	成员 D	1 分	10 分钟
5	构建 RFM 分层管理模型	定义指标	成员 C	2 分	30 分钟（与 4 项同时）
6	根据目标搭建标签体系	制定明确指标	队长	1 分	20 分钟
项目评审（10 分）					
企业点评（40%）						
教师互评（10%）						
小组互评（20%）						
小组自评（20%）						
自评（10%）						

5. 项目执行

Teambition 项目执行流程示意图，如图 10-27 所示。

图 10-27　Teambition 项目执行流程示意图

6. 项目监控

我们学习了用户运营、用户画像和用户分层，通过用户分层，搭建用户标签体系，与项目监控有效地结合起来，更好地实现用户运营项目目标的达成。这种结合方式还有助于提升用户满意度和忠诚度，为企业的长期发展奠定坚实基础。我们通过 Teambition 监控任务完成情况。

（1）【多选题】以下哪些工作内容属于用户运营的岗位职责？（　　）
A. 解决用户临时需求　　　　　　　B. 将产品转化为利润
C. 服务用户　　　　　　　　　　　D. 实现用户增长
正确答案：CD

（2）【多选题】用户运营的主要工作内容包括（　　）。
A. 了解用户　　　　　　　　　　　B. 转化利润

C. 管理用户生命周期　　　　　　　　D. 社群运营

正确答案：AC

（3）【多选题】用户运营工作职责中的了解用户，主要可以通过哪些方式实现？（　　）
A. 用户画像　　B. 用户行为　　C. 用户需求　　D. 用户管理

正确答案：ABC

（4）【多选题】用户运营的岗位技能要求，主要包括（　　）。
A. 逻辑梳理能力　　B. 用户思维　　C. 数据思维　　D. 引流拉新能力

正确答案：ABCD

（5）【多选题】用户画像的使用场景包括（　　）。
A. 用户分群　　　　　　　　　　　B. 精准的行动触达
C. 用户统计与战略布局　　　　　　D. 风险预警

正确答案：ABC

（6）【多选题】以下属于用户设备属性的标签体系的是（　　）。
A. 设备品牌　　B. 机型　　C. 价位段　　D. 操作系统

正确答案：ABCD

（7）【多选题】以下属于用户画像中社会属性标签体系的是（　　）。
A. 购物消费　　B. 婚姻状况　　C. 家庭属性　　D. 职业属性

正确答案：BCD

（8）【多选题】考核是否需要做用户画像的标准分别是（　　）。
A. 是否有能用到用户画像的场景　　　B. 是否能够通过用户画像实现用户分层
C. 是否必须通过用户画像来实现　　　D. 是否有对应的服务或运营方案

正确答案：ACD

（9）【判断题】用户运营是以用户为中心，根据产品特点和用户需求，制定运营策略与目标，设置运营活动和规则，最终实现产品用户增长的目的。（　　）

正确答案：√

（10）【判断题】用户运营的重点是对用户的增长负责，因此不需要对产品有了解或者优化。（　　）

正确答案：×

（11）【判断题】用户画像是指根据用户的基本属性、用户偏好、生活习惯、用户行为等信息而抽象出来的标签化用户模型。（　　）

正确答案：√

（12）【判断题】只有有了用户画像，才能驱动和提高业务。（　　）

正确答案：×

（13）【单选题】以下不属于用户画像中消费属性的是（　　）。
A. 消费水平　　B. 消费频率　　C. 品类偏好　　D. 基本收入

正确答案：D

（14）【单选题】以下不属于用户兴趣偏好的标签是（　　）。
A. 购物消费　　B. 社交聊天　　C. 影音娱乐　　D. 职业属性

正确答案：D

7. 项目评审

序号	任务	作用
1	【成果】用户画像	成果展示
2	【标准】过程考核表	明确项目评分标准

过程考核表			
项目名称	通过用户分层，搭建用户标签体系		
项目类别	项目策划类	项目总分	10 分
项目评分标准			
序号	任务名称	任务要求	项目得分
1	明确企业的目标	企业推广目标	1 分
2	采集用户数据	入驻企业数据	2 分
3	分析用户生命周期	定义指标	1 分
4	分析用户的 AARRR 阶段	分析运营策略	1 分
5	构建 RFM 分层管理模型	定义指标	3 分
6	根据目标搭建标签体系	制定明确指标	2 分
项目评分得分（10 分）			
企业录取（40%）			
教师点评（10%）			
小组互评（20%）			
小组自评（20%）			
自评（10%）			

8. 项目拓展

扫描二维码领取拓展资源

4.1 农业农村部：数字乡村建设指南 2.0

项目十一

洞察用户

项目结构

任务 11.1　用户生命周期分层
任务 11.2　用户增长 AARRR 模型
任务 11.3　客户分层管理 RFM 模型

任务目标

素质目标	1. 具有对用户的敏锐度与共情力
	2. 具备数据归因指标体系搭建力
	3. 培养在复杂问题中寻找破局点的拆解力
	4. 具有对新技术的快速学习能力和探索精神，做到与时俱进
	5. 具有在不同场景下，通过平台操作输出业务价值的鉴别能力
	6. 坚持以行为为出发点、以用户为中心、以服务为目标的运营初心
知识目标	1. 明确用户画像标签体系的分类及定义
	2. 熟悉数字化营销平台的功能及后台操作
	3. 绘制重点种子人群的用户画像
	4. 使用微词云平台绘制可视化用户画像
	5. 能够完成数据化用户分层 RFM 的计算和分类
能力目标	1. 能够在指标体系搭建中运用互斥且完备原则
	2. 能够根据用户行为数据实现平台关联和校验操作
	3. 能够操作神策数据平台搭建用户标签体系
	4. 能够操作神策数据平台生产用户群画像
	5. 能够通过平台，结合实时、灵活、多维的用户行为，区分用户类别

1. 项目导入

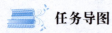 **任务导图**

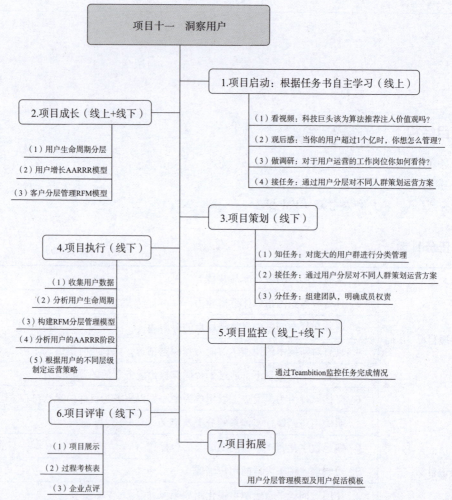

2. 项目启动

序号	任务	内容
1	看视频	【视频】科技巨头该为算法推荐注入价值观吗？[①] 扫码观看视频： 4.2.1 项目启动 – 科技巨头该为算法推荐注入价值观吗

[①] 差评君. 科技巨头该为算法推荐注入价值观吗？[DB/OL]. https://www.bilibili.com/video/BV1nQ4y1q7gD/？spm_id_from = 333.337.search – card.all.click&vd_source = d3051e523089f42bc10924029c79d71d.

续表

序号	任务	内容
2	观后感	【讨论】当你的用户超过 1 个亿时,你想怎么管理?
3	做调研	【文件】对于用户运营的工作岗位你如何看待?
4	接任务	【任务】通过用户分层对不同人群策划运营方案

3. 项目成长

上一项目我们简单学习了用户分层的含义和作用,本项目我们将从用户生命周期、AARRR 模型、RFM 模型三个维度分别学习对用户进行分层的各种方法和技巧。

(1) 用户生命周期分层

1) 什么是用户生命周期

我们想象这样一个场景:你家门口新开了一家奶茶店,你被深深地吸引了,进入奶茶店。然后,你买了一杯奶茶。奶茶味道还不错,于是你经常来这家店,甚至还办了张会员卡。但后来,旁边开了家新奶茶店,你就不怎么来这家店了。最后,你决定要减肥,从此再也没来过这家奶茶店。

4.2.2 项目成长 – 用户生命周期管理

对于奶茶店,你经历了一个完整的用户生命周期。如图 11 – 1 所示,包括几个关键的时间节点:导入期、成长期、成熟期、休眠期、流失期。用户生命周期就是用户从接触产品到离开产品的整个过程中所产生的行为。

图 11 – 1 用户生命周期理论

由此,引申出"用户生命周期价值"的定义,如图 11 – 2 所示。

用户生命周期 ┐ 用户从接触产品到离开产品的整个过程中所产生的行为。

图 11 – 2 用户生命周期价值的定义

在用户全生命周期的流程中,无论是产品还是运营,都希望了解用户在不同产品阶段的使用特点,然后根据不同的特点来设计运营动作,以此来提升用户的转化率及留存率。在生命周期中,可以简单地将用户分为五个阶段,如图 11-3 所示。

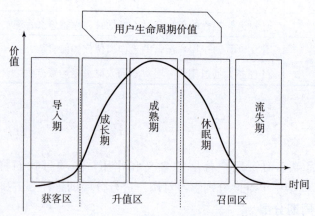

图 11-3 用户生命周期价值

在导入期,产品为了吸引用户进行推广,即获客阶段,用户价值为负。但是,随着用户的成长,他的客单价和购买频次都会逐渐增加,在成熟期达到了顶峰,即升值区。如果产品更新不及时,用户将产生倦怠,进入休眠期,最终用户逐渐离开产品,其价值也在不断下降,进入了召回区。

2) 为什么要做用户生命周期搭建

对于很多刚刚做 C 端产品的用户或者策略方向的运营人员来说(尤其以教育行业为胜),产品多数展现在 APP 之中,而用户运营多是基于微信环境进行操作,整体运营的考核 KPI 多为用户的增长或转化。

在面对增长或转化的考核标准时,很多刚做运营的人员,其策略方向基本停留在关注表层的增长或者转化方法论上。

每天就是重复地思考用什么样的活动奖品来引导用户完成拉新任务,用多少折扣优惠来促进用户的付费意愿,他们不会去仔细想,如每个月的增长目标到底怎么衡量才合理;现有的用户如何最大程度达到目标的商品交易总额;我们现在已有的用户分层情况是怎样的;哪部分用户能够撬动大的资源来帮助自己达成目标;等等。

像这样浮于表面没有深入用户的运营动作,其结果一方面是没有办法有效预估,很容易造成活动的失败,另一方面对于个人成长没有很大的帮助,因为你能够得到的结果就是:做了活动,然后得到了活动结果,至于项目中到底促活了多少老用户,有多少新用户参与了产品的付费转化都一概不知。得出的数据没有办法帮助我们进行有效复盘,对于后续运营没有指导意义。

所以,为什么要对用户生命周期有一个完整的搭建?因为多数 C 端产品的用户生命周期本身就是一个有效的分层维度,我们可以清楚地知道用户的来源、付费情况等基础信息,然后拆解 KPI,基于不同的来源及付费情况设计属于他们的增长转化活动来达到最终目标。

3) 如何划分用户的生命周期阶段

引申到互联网行业,以抖音 APP 为例,用户都经历了哪些重要节点呢?具体如图 11-4 所示。

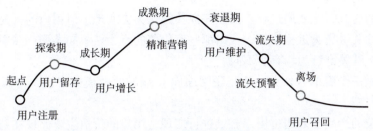

图 11-4　抖音 APP 的用户生命周期及用户行为

首先用户想要看抖音，必须先注册。注册后，就可以使用抖音了。

这时用户要先探索一下抖音都有哪些功能，怎么找好玩的视频、发布视频等，即探索期。此时运营人员最关心"用户留存"。不能让用户好不容易进来了，没过 10 分钟，就给卸载了。

之后，可能 70% 的用户感觉产品还不错，便留了下来，进入成长期。这时，用户对抖音比较熟悉了，不断产生使用时长、频次、客单价等行为数据，并快速建立对抖音的信任，开始不断使用。

用户逐渐养成了行为习惯，每天都会想刷抖音，甚至不刷就难受。这时进入了成熟期，用户画像也趋于稳定。此时，运营人员要针对不同的用户进行精准营销，推荐用户喜欢的视频。

随着时间的流逝，用户的使用频率、黏性总有衰退的时候，即衰退期。这时，运营人员要明确用户衰退的原因，比如需求消失、竞争对手介入或者没有新鲜感、倦怠了。

从而避免用户进入下一个阶段：流失期。因为培养一名成熟的用户成本很高，如果就这么无缘无故地流失了，损失很大。所以要在用户流失之前进行判断，他是不是要离场了？如果是，我们就要赶紧干预一下。

如果干预失败，用户就真的离场，甚至卸载了。这时就要唤醒或者召回用户了。

注意，唤醒和召回的概念同学们容易混淆。

唤醒，是指用户还保留着我们的 APP，还没删除，但很久没用了，此时就需要唤醒，比如发优惠券或者推送通知，来触达唤醒用户。

召回，是指用户已经把 APP 删除了，就只能通过客服、短信或者公众号等渠道来召回用户。

此外，在用户的整个生命周期中，有三个最重要的关键节点：

①用户注册后，如何提升用户留存？

②进入成熟期后，如何通过用户画像进行精准营销？

③最终用户流失时，如何召回用户？

4）如何搭建用户生命周期管理模型

根据上面的介绍，我们可以分析出，如果想要对用户的生命周期进行管理，可以拆解为两个问题：如何搭建用户成长路径，对用户进行引导，提升用户的价值；如何延长用户的生命周期，提升用户活跃度。

第一，搭建用户成长路径，提升用户价值。

①梳理用户的关键行为。

用户价值的提升，主要通过在产品上完成关键行为去实现。但用户的行为数不胜数，故需要先对用户的关键行为进行梳理，找出那些有价值的行为。不同类型产品中，不同的用户（B端、C端），其关键行为均有所不同。

这里可以做一个简单的分类。从互联网面向C端的商业模式来说，可以分为用户直接付费和不直接付费。

不直接付费的产品主要通过用户流量进行变现，用户的价值主要体现在访问频率以及访问时长上。

故对于直接付费产品，其用户的关键行为主要与交易直接或间接相关。如电商的购物行为、直播的打赏行为。对于非直接付费的产品，其用户的关键行为则是那些对产品营收有直接或间接帮助的行为，如内容平台的浏览、关注、评论、分享等互动行为。

如果是B端，则又有所不同；以哔哩哔哩为例，其B端是创作者，关键行为则是发布内容。

②分析不同用户关键行为之间的差异。

在确定了不同价值用户的统计口径以及用户的关键行为以后，需要通过数据分析不同用户关键行为之间的差异，这些差异可能是造成用户价值差异的原因。这里的底层逻辑是"以终为始"，这四个字对于指引我们的工作和生活都有较大的意义。

③寻找路径的最优解。

所谓条条大路通罗马，实现用户价值提升的路径并非只有一条。可通过AB实验去验证不同路径下的效果，选出最优解。

需要注意的是用户不发生某种行为，也可能是因为其不具备该行为的能力，比如短视频平台发布短视频的行为。对此，可以了解一下福格行为模型：$B = MAT$。

福格说人的行为由动机、能力和触发条件三要素组成，这三个要素同时都满足时行为才会发生；用一个等式来简化就是$B = MAT$，其中B是Behavior（行为），M是Motivation（动机），A是Ability（能力），T是Triggers（触发）。

所以在选取行为时需要考虑用户的能力，如果用户不具备，则需要先提升其能力；以B站为例，其针对创作者的新手任务中就有"去创作学院观看一个教程"和"关注哔哩哔哩创作中心"，这两个行为的重要意义是提升用户的创作能力。

④建立激励机制。

完成上述工作后，最终需要制定激励策略去引导用户完成指定行为。关于激励策略后续会专门和同学们进行探讨。

第二，延长用户生命周期，提升用户活跃度。

①实现用户长期留存的方式有以下两种：

一是通过"用户分群 + 行为分析"的方式，找出高留存的用户有什么特征，完成过什么行为，产品的使用路径是什么；然后尝试将其应用到留存低的用户身上。

二是通过提升用户在产品中的参与度来实现用户的长期留存，具体为让用户使用更多有价值的产品功能、提升用户的使用频率和使用深度等。

②制定用户的流失预警机制与流失召回机制。

在确定了用户预流失与流失的定义后，需要针对预流失用户进行干预，可以根据实际情况确定是否采用自动化干预措施。针对流失用户的召回，需要注意以下几点：

一是比机械地进行用户触达实现用户召回更有价值的是了解你的用户为什么会流失。通常产品中存在一定的流失是正常情况，可能是用户的需求本身已被满足或其不是产品的目标用户。所以需要先了解用户流失的原因，再确定对哪些流失用户进行召回。

二是流失的用户通过自己的产品已无法完成触达。为了提升召回效果可通过 AB 实验，测试不同渠道、不同权益、不同文案的召回效果。

三是用户召回的目的不是让其完成单次活跃行为，而是确定用户流失的原因后，对其进行重新激活以实现长久的留存。

在搭建好整个用户生命周期管理模型后，需要持续关注用户的结构，以保证当前结构能够支撑目标。当成熟、活跃用户的占比过低或占比提升较慢时，可以考虑分析用户的成长是否受阻或产品功能是否出现问题。

5）生命周期管理的适用

需要明确的是，是否进行用户生命周期管理需要根据产品具体的用户体量、所处行业、市场竞争情况来判断。

产品处于早期，用户体量较小，则首要目标是提升用户的规模。针对结婚、家装类低频重决策的业务，上述生命周期管理模型可能失效，而像微信这类处于市场垄断地位的产品往往不需要进行用户生命周期管理。

（2）用户增长 AARRR 模型

用户的生命周期理论中还有另一种非常常见的模型，即 AARRR 模型，俗称海盗模型。

4.2.3 【动画】用户增长 AARRR 模型

我们在产品运营模块中曾说过，运营的本质就是将用户拉进产品中，通过一系列动作让用户促活、留存，最终实现转化的过程。这其实就是从 AARRR 模型的角度上对运营进行的解析，可见该模型的广泛应用性。那究竟什么是 AARRR 模型呢？如图 11-5 所示。

图 11-5　AARRR 模型

获取（Acquisition）：用户如何发现（并来到）你的产品？
激活（Activation）：用户的第一次使用体验如何？

留存（Retention）：用户是否还会回到产品（重复使用）？

收益（Revenue）：产品怎样（通过用户）赚钱？

推荐（Referral）：用户是否愿意告诉其他用户？

这个模型将数据分析分成了五大模块，我们依据这个模型，来简单地学习一下用户增长重要的几个环节都是做什么的。同时，也可以借助这个模型，来了解在做数据分析的过程中，应该关注的几个数据指标。

1）获取用户

所谓获取用户，其实就是我们从各个渠道去发布产品相关信息，然后吸引用户前来注册的一个过程。既然是从各个渠道（如搜索引擎、微信微博头条等自媒体、网站广告、线下活动、展会行业沙龙等）获取用户，自然每个渠道获取用户的数量和质量都是不一样的。

这时产品团队和运营团队就要留心每个渠道转化过来的用户数量和质量，包括渠道曝光量、渠道转换率、日新增用户数、获客成本等指标，如图11-6所示。

2）激活用户

用户通过不同的终端、广告等渠道进入应用，接下来，我们要思考，如何把他们转化为活跃用户，这是运营人员面临的第一个问题。激活用户核心指标如图11-7所示。

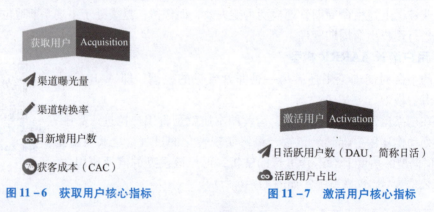

图11-6 获取用户核心指标　　　　图11-7 激活用户核心指标

用户被吸引进来之后，需要引导他做一系列的行为动作，比如完善个人的基本信息、评论、发帖等，当用户完成了产品团队和运营团队给用户指定的"系列动作"时，就可以认为用户是一个比较活跃的用户，说明产品是能够给用户带来价值的，用户愿意在产品里发生一系列行为。

不同产品对于"活跃"的定义是不一样的，比如社区类产品希望用户每天都能登录、发帖、评论，所以我们会看到很多社区类产品做的用户成长体系，大都是说登录一天给几个积分、发一个帖子给几个积分、评论一次给几个积分等。而在线教育类产品，则比较关注用户的学习时长、练习次数等。

3）提高留存

在解决了用户活跃的问题之后，还需要解决的一个问题是如何留住用户，往往一个互联网产品的用户来得快，走得也快。提高留存核心指标如图11-8所示。如果一个产品缺乏黏性，导致的结果就是，一方面新用户不断涌入，另一方面又迅速流失。这样的结局也就意味着产品的留存率非常低，企业需要花费很高的营销成本来源源不断地给产品输送用户，最后产品的生命周期也会大大缩短。

这就好比一家饭馆，顾客来吃过一次饭后，基本不来第二次了，因为这家饭馆的饭菜一点特色都没有，还不卫生，所以基本没有什么老顾客，相信这样的饭馆没多久就会关门了。所以，如何提高产品的留存，也是一个非常考验产品的地方。

解决这个问题首先需要通过日留存率、周留存率、月留存率等指标监控应用的用户流失情况，并采取相应的手段，在用户流失之前激励这些用户继续使用应用。

图 11 – 8　提高留存核心指标

4）增加收益

我们无论做什么产品，都要考虑如何通过产品的业务来实现收入的增加，这也是互联网产品必须要考虑的问题，因为企业的本质毕竟是逐利的。

我们常见的产品赢利模式如图 11 – 9 所示。

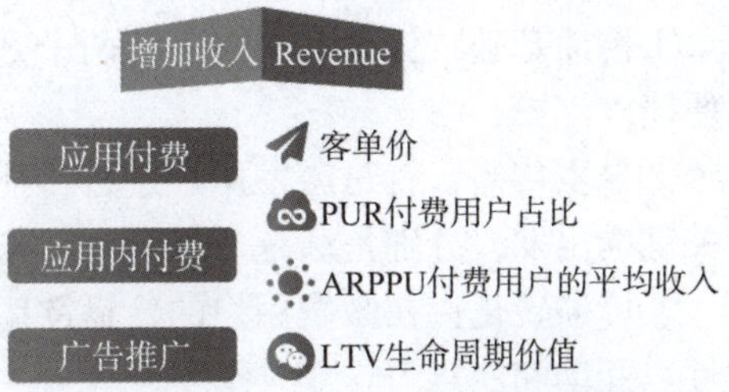

第一种是应用付费，比如知识付费，用户想要获取信息，就需要直接为对方提供的服务付费。

第二种是应用内付费，常见的如淘宝，虽然用户使用淘宝本身是免费的，但是在淘宝内购买产品是需要付费的，对于淘宝而言，用户并不能够直接为淘宝创造收益，但是淘宝通过用户吸引更多的企业入驻平台，再通过服务企业来获取回报，比如企业需要购买直通车、推广位等。

图 11 – 9　增加收入核心指标

第三种是广告推广。比如爱奇艺等视频类产品，可以让一些不愿意付费的用户，通过视频前的广告来获得回报。

那么在增加收入的过程中，我们可以通过对客单价、PUR 付费用户占比、ARPPU 付费用户平均收入、LTV 生命周期价值等各类指标进行考核，从而不断地优化运营方案。

但说到底，想要增加收入，首要前提还是需要有用户，用户才是一个互联网产品的根基，如果没有用户，一切商业设想都是空中楼阁。

5）传播推荐

我们已经学习了如何获取/激活用户、提高存、增加收益，已经把 AARRR 模型的主线流程拆解完。通过前面几个模块，可以提升我们的增长水平以及增长质量，但要想实现大规模的用户增长，还缺少一个贯穿于全流程的环节，那就是自传播。充分利用自传播的力量，我们的用户增长将会变得非常简单。

自传播，顾名思义，就是无须借助过多外力，产品自身激发用户间的自发传播。如图 11 – 10 所示。

图 11 – 10　提升自传播效果

为什么说自传播的力量非常强大呢？因为自传播有以下优势：

①指数级增长，传播分裂速度非常迅猛，通过分裂式的扩散传播，实现用户规模的指数级增长。

②用户获取成本低，比如拼多多的获客成本，从2016年的10元/人，增长到现在，达到了143元/人，这也是为什么企业更加倾向于私域流量的维护。

③获取用户质量高，自传播类似于熟人介绍，用户之间往往有更多的认可度和共性，一般来说，新客户也存在类似的需求。

④形成口碑营销，比如网易云音乐的自传播能力非常强，通过地铁广告或煽情推文等，在用户群体中形成了一个共识，那就是网易云音乐是有灵魂的音乐，音乐的背后可以有许许多多的故事，在传播的过程中，随着话题的讨论和持续发酵，渐渐地便占据了在用户心目中的地位，形成了口碑效应，拓展了产品的影响力。

自传播的优势如此，那我们可以怎样提升产品自传播的水平呢？

①传播基础：传播基础需要从两个方面进行建设，一是产品要可靠，二是传播分享手段要便捷。

②自主传播：就是激发用户进行传播的欲望，提升传播水平。可以从图11-10中的几个关键词出发，分别是话题、从众、参与、情绪、超预期。

③传播转化：在激发用户的传播欲望后，应进一步有效提升转化效果，其关键点在于可读性、互动和注意力。

【拓展小课堂】

在互联网时代，我们可以通过后台数据，追踪用户在我们的产品上发生的所有行为和路径，那么通过这些路径有助于我们了解用户行为产生的动机，从而更加明确我们对用户触达的行为对用户产生的影响，帮助我们精准提供个性化的服务。

因此就需要使用用户行为分析中的事件分析。快来扫描视频二维码，看看究竟什么是事件分析，又是如何应用的吧！

4.2.4 用户行为分析——事件分析

(3) 客户分层管理 RFM 模型

4.2.5 【动画】什么是 RMF

4.2.6 【视频微课】客户分层管理 RFM 模型

1）RFM 客户分层管理模型的定义

人口红利逐渐消失，很多企业面临着拉新困难、获客成本越来越高、私域流量（社群、朋友圈等）的用户忠诚度很低等问题。

基于这样的背景，企业会将重心转移到老客户的运营上，比如提高用户留存率、增加用户复购率等。

那么提高老用户的活跃度离不开精准营销，而在精准营销之前，我们需要对用户进行分层管理。也就是说，要给用户分类。在给用户分类之前，我们需要对已有的用户进行重要性分类。

越重要的用户,我们越要投入重点资源来维护,而对于不那么重要的用户,我们就不需要花费太多精力了。问题是,怎样判断一个用户到底有多重要。这就需要用到RFM模型了,如图11-11所示。

RFM模型通过三个维度来衡量用户的价值:识别优质客户,实现个性化营销和服务,为精准科学的营销决策提供数据支持。

图11-11　RFM模型框架

①上一次消费距离现在的时长R(Recency)。
②消费频率F(Frequency)。
③消费金额M(Monetary)。

通过RFM三个维度的划分,可以将用户分为重要价值型客户、重要发展客户、重点保持客户、努力挽留客户四个重要等级,以及潜力客户、新晋客户、基本维持客户、流失客户四个次要等级,如图11-12所示。

客户类型	R 最近消费	F 消费频率	M 消费金额
重要价值型客户	+	+	+
重要发展客户	-	+	+
重点保持客户	+	-	+
努力挽留客户	-	-	+
潜力客户	+	+	-
新晋客户	+	-	-
基本维持客户	-	+	-
流失客户	-	-	-

图11-12　RFM模型客户类型

用户上一次消费距离现在的时间越近、消费频率越高、消费金额越大,用户就越重要。反之,消费距离现在的时间越远、频率越低、金额越小,用户就越不重要。

站在运营的角度上来讲,就是把用户按照对我们的依赖度、认同度,以及购买力进行排名,如图11-13所示。

那些对我们很依赖、认同度高、购买力又强的客户,就叫重要价值型客户。这类人群对我们特别认同和支持,对其我们可以采用加微信群、永久打折的营销策略。

而对于重要发展客户、重点保持客户、潜力客户,我们可以采用增强品牌忠诚度的策略,如发送折扣信息、送优惠券、提高客单价、增加曝光度的方法。

而对我们不依赖、认同度低、购买力差的客户,属于流失客户,可以暂时不做推广。

2)如何计算RFM用户分层管理模型

那么,接下来学习如何利用Excel来制作用户分层模型。

第一步:数据采集与清理。

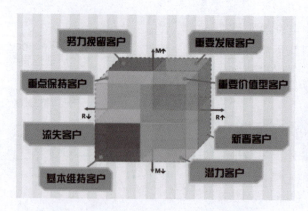

图 11-13 RFM 模型客户类型及营销策略

如图 11-14 所示，首先采集后台数据，数据中，应至少包含订单编号、买家会员名、买家支付金额、订单付款日期几个指标数据。

图 11-14 RFM 模型原始数据

第二步：制作 RFM 模型。

如图 11-15 所示，我们能看到，这名叫佐罗的用户在 1 月 20 日下了一个订单，在 1 月 21 日又下了第二笔订单。现在我们希望知道这名用户一共下了几单，即消费频率 F，最近一次下单的时间，即最近消费 R，以及他一共花了多少钱，即消费金额 M。

图 11-15 RFM 数据模型

简单来说，创建透视图表，将买家会员名拖拽到行列表里，将买家会员名、买家实际支付金额、订单付款日期拖拽到值列表里。其中买家会员名设置为计数项、买家实际支付金额设置为求和项、订单付款日期选择最大值项。接下来使用 AVERAGE 函数，在计算出的购买次数、支付金额、支付日期下方计算各自的平均值。

然后使用 IF 函数分别对每一行消费金额、消费频次、消费金额值，进行 RFM 评级判断，如图 11－16 所示。

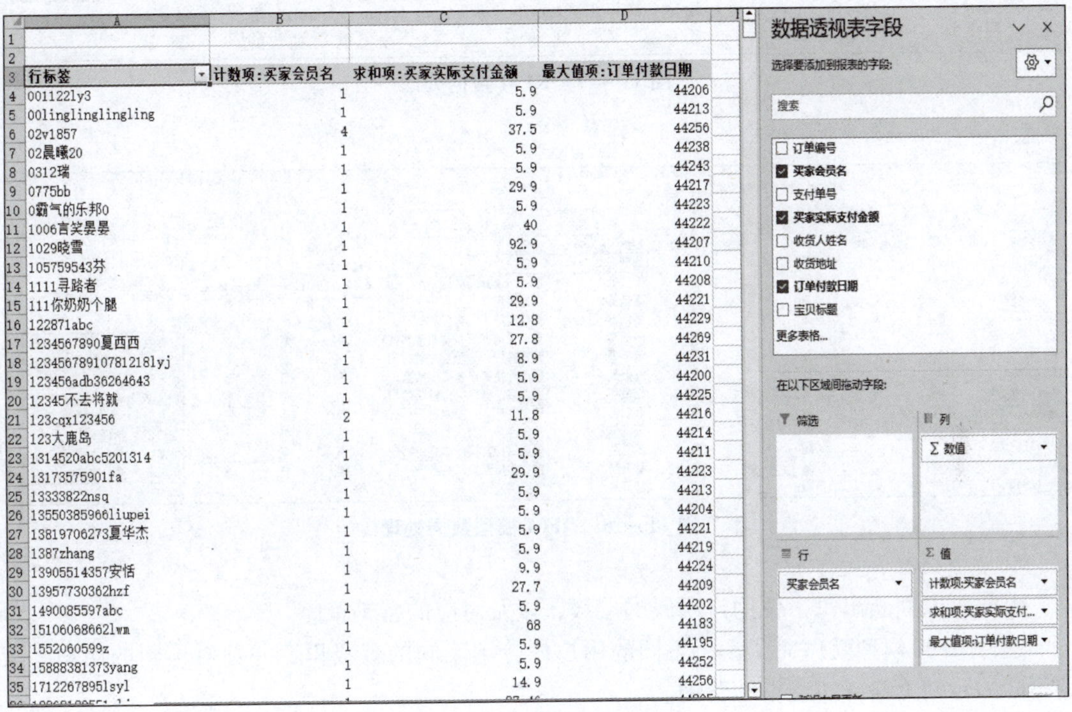

行标签	计数项:买家会员名	求和项:买家实际支付金额	最大值项:订单付款日期
001122ly3	1	5.9	44206
00linglinglingling	1	5.9	44213
02v1857	4	37.5	44256
02晨曦20	1	5.9	44238
0312瑞	1	5.9	44243
0775bb	1	29.9	44217
0霸气的乐邦0	1	5.9	44223
1006言笑晏晏	1	40	44222
1029晓雪	1	92.9	44207
105759543芬	1	5.9	44210
1111寻路者	1	5.9	44208
111你奶奶个腿	1	29.9	44221
122871abc	1	12.8	44229
1234567890夏西西	1	27.8	44269
12345678910781218lyj	1	8.9	44231
123456adb36264643	1	5.9	44200
12345不去将就	1	5.9	44225
123cqx123456	2	11.8	44216
123大鹿岛	1	5.9	44214
1314520abc5201314	1	5.9	44211
13173575901fa	1	29.9	44223
13333822nsq	1	5.9	44213
13550385966liupei	1	5.9	44204
13819706273夏华杰	1	5.9	44221
1387zhang	1	5.9	44219
13905514357安恬	1	9.9	44224
13957730362hzf	1	27.7	44209
1490085597abc	1	5.9	44202
15106068662lwm	1	68	44183
1552060599z	1	5.9	44195
15888381373yang	1	5.9	44252
1712267895lsyl	1	14.9	44256

图 11－16　RFM 数据处理

接下来，在空白处设置 RFM 的评级判断表格，如表 11－1 所示。

表 11－1　RFM 客户类型

客户类型	R 最近消费	F 消费频率	M 消费金额	
重要价值型客户	高	高	高	高高高
重要发展客户	低	高	高	低高高
重点保持客户	高	低	高	高低高
努力挽留客户	低	低	高	低低高
潜力客户	高	高	低	高高低
新晋客户	高	低	低	高低低
基本维持客户	低	高	低	低高低
流失客户	低	低	低	低低低

最后，使用 Vlookup 函数，通过上面的规则和计算出来的 RFM 评级判断值，对用户的分层进行定义，如图 11-17、图 11-18 所示。

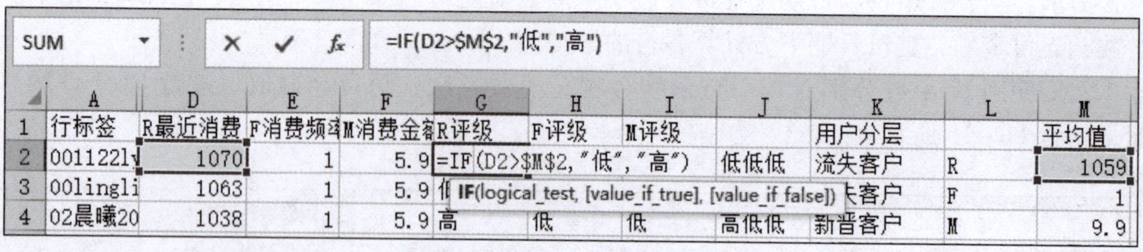

图 11-17 RFM 数据处理

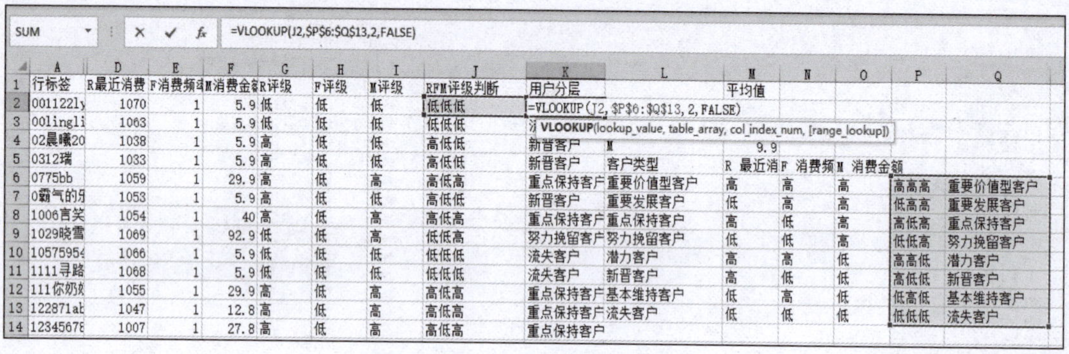

图 11-18 RFM 模型数据处理

由此可以判断出每一位用户所属的层级，以及对应的营销策略。

这样 RFM 模型就做完了，将不同的用户划分到不同的等级里，并针对不同的用户，策划不同的营销策略，实现精准营销。

RFM 模型修改衡量指标后，也可以适用于其他的互联网平台。比如微博，我们可以根据用户最后一次登录微博的时间、评论的次数、转发的次数将用户进行分级；再如抖音直播粉丝，根据粉丝最后一次看直播的时间、打赏金额、观看时长对用户进行分级，如图 11-19 所示。

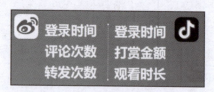

图 11-19 RFM 模型案例

同学们试着自己做一个粉丝的用户分层吧，并研讨针对不同类型的粉丝应采用何种策略来运营。

4.2.7 企业实战演练—
11. 根据企业数据
绘制用户画像（3）

4. 项目策划

项目策划书

项目十一 洞察用户			
项目名称	根据标签体系，绘制用户画像		
项目目标	通过企业采集的数据，对企业的用户进行建模分析，选取核心指标，绘制用户画像，作为后续的用户分层和用户激励、个性化推荐的依据		
项目说明	1. 在保证用户数据安全的前提下，采集用户数据； 2. 构建用户画像指标模型，绘制用户画像； 3. 对用户画像进行展示，并说明运营策略		
项目工具	Teambition	项目时间	90 分钟（包含课后）
项目管理流程			
序号	任务名称	说明	负责人	KPI	时间
1	熟悉神策数据平台	对用户信息保密	成员 A	1 分	20 分钟
2	设置指标体系	选择指标	成员 B	1 分	15 分钟
3	根据指标展示用户画像	选择计算方法	成员 C	1 分	25 分钟
4	根据结果绘制用户画像	使用工具绘制	成员 D	1 分	20 分钟
5	向企业展示用户画像	展示并讲解	队长	1 分	10 分钟
项目评审（10 分）			
企业点评（40%）			
教师互评（10%）			
小组互评（20%）			
小组自评（20%）			
自评（10%）			

5. 项目执行

Teambition 项目执行流程示意图，如图 11-20 所示。

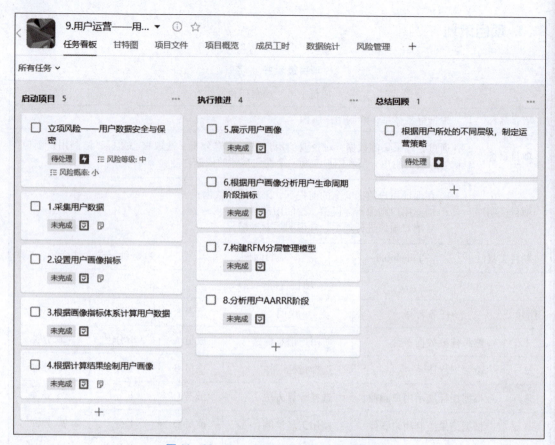

图 11-20 Teambition 项目执行流程示意图

6. 项目监控

本项目的学习已经完成,我们可以通过 Teambition 检验一下我们的学习成果。

(1)【判断题】用户生命周期就是用户从接触产品到离开产品的整个过程。包含了用户从看见产品开始,在产品上的所有行为。(　　)

正确答案:×

(2)【判断题】产品在用户生命周期的导入期或获客期,开始营利,一直到用户流失。(　　)

正确答案:×

(3)【判断题】召回,是指用户还保留着我们的 APP,还没删除,但很久没用了,那我们就需要唤醒一下,比如发一些优惠券或者 APP 推送来触达用户,把他唤醒。(　　)

正确答案:×

(4)【判断题】召回是指如果用户已经把 APP 删除了,就只能通过客服、短信或者公众号等渠道来召回用户。(　　)

正确答案:√

(5)【判断题】当用户开始流失的时候,运营人员的首要任务就是明确用户衰退的原因,究竟是确实没有需求了,还是其他的竞争对手做得比我们更好,或者说我们的东西过时了,没有新鲜感了。(　　)

正确答案:×

(6)【判断题】当用户开始流失的时候,用户运营首先要进行流失预警,然后进行干预,防止用户流失。(　　)

正确答案:√

(7)【判断题】当用户开始流失的时候,要进行用户留存。(　　)

正确答案:×

(8)【判断题】用户分层分群的最终目的是精准营销。(　　)

正确答案:√

(9)【判断题】RFM用户分层理论的指标只能是消费频率、最近一次消费和消费金额。(　　)

正确答案:×

(10)【判断题】对于消费频率、消费金额均在+区间,最近消费在-区间的重要发展客户,可以采用给他发优惠券、APP推送消息等方式,增加用户的复购率。(　　)

正确答案:√

(11)【多选题】在APP的用户生命周期中,最重要的三个行为节点包括(　　)。

A. 用户留存　　　　　　　　B. 精准营销
C. 流失预警　　　　　　　　D. 用户召回

正确答案:ABD

(12)【多选题】以下属于用户分层管理方法的有(　　)。

A. 用户生命周期理论　　　　B. 用户增长AARRR理论
C. 用户RFM分层管理　　　　D. 用户画像

正确答案:ABC

(13)【多选题】AARRR模型包含的环节包括(　　)。

A. 获取用户　　　　　　　　B. 激活用户
C. 提高留存　　　　　　　　D. 增加收益

正确答案:ABCD

(14)【多选题】以下可以作为微博的RFM衡量指标的有(　　)。

A. 登录时间　　　　　　　　B. 评论次数
C. 注册时间　　　　　　　　D. 转发次数

正确答案:ABD

(15)【多选题】用户分层RFM模型通过哪些维度来衡量用户的价值?(　　)

A. 上一次消费距离现在的时长　　B. 登录次数
C. 消费频次　　　　　　　　D. 消费金额

正确答案:ACD

7. 项目评审

序号	任务	作用
1	【成果】根据标签体系，绘制用户画像	成果展示
2	【标准】过程考核表	明确项目评分标准

<table>
<tr><td colspan="4">过程考核表</td></tr>
<tr><td>项目名称</td><td colspan="3">根据标签体系，绘制用户画像</td></tr>
<tr><td>项目类别</td><td>项目策划类</td><td>项目总分</td><td>10 分</td></tr>
<tr><td colspan="4">项目评分标准</td></tr>
<tr><td>序号</td><td>任务名称</td><td>任务要求</td><td>项目得分</td></tr>
<tr><td>1</td><td>熟悉神策数据平台</td><td>对用户信息保密</td><td>1 分</td></tr>
<tr><td>2</td><td>设置指标体系</td><td>选择指标</td><td>2 分</td></tr>
<tr><td>3</td><td>根据指标展示用户画像</td><td>选择计算方法</td><td>3 分</td></tr>
<tr><td>4</td><td>根据结果绘制用户画像</td><td>使用工具绘制</td><td>1 分</td></tr>
<tr><td>5</td><td>向企业展示用户画像</td><td>展示并讲解</td><td>3 分</td></tr>
<tr><td colspan="4">项目评分得分（10 分）</td></tr>
<tr><td colspan="4">企业录取（40%）</td></tr>
<tr><td colspan="4">教师点评（10%）</td></tr>
<tr><td colspan="4">小组互评（20%）</td></tr>
<tr><td colspan="4">小组自评（20%）</td></tr>
<tr><td colspan="4">自评（10%）</td></tr>
</table>

8. 项目拓展

扫描二维码领取拓展资源

4.2 《神策数据十大数据分析模型详解》白皮书

项目十二

用户运营模型

项目结构

任务 12.1 提升用户留存
任务 12.2 提高用户活跃度和忠诚度
任务 12.3 运营人的自我修养

任务目标

素质目标	1. 具备逆商与钝感力
	2. 具备独立面对复杂工作的掌控力与担当力
	3. 学会在挫折中反思与逆袭
	4. 学会从内在建立自信
	5. 具备量化指标体系的数据思维
	6. 具备逆境思维和抗挫折能力
知识目标	1. 掌握不同阶段的留存策略
	2. 能够科学量化用户体验
	3. 能够规划用户激励体系设计
	4. 能够提升私域引流用户质量
	5. 具备激活用户的思维和技能
能力目标	1. 能够运用分层级用户画像提升用户留存策略
	2. 能够通过活动运营和激励机制提升用户的活跃度与忠诚度
	3. 能够在挫折和压力中实现逆袭,调整自我状态

1. 项目导入

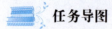
任务导图

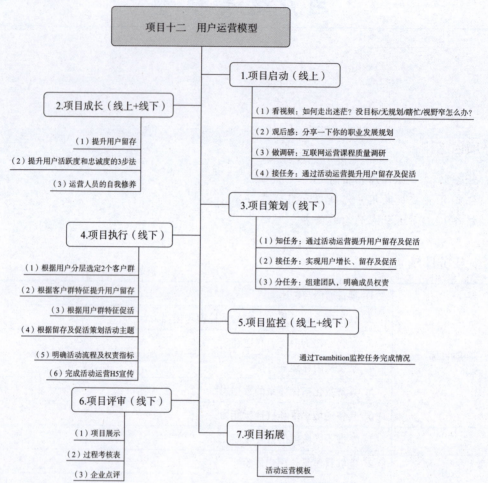

2. 项目启动

序号	任务	内容
1	看视频	【视频】如何走出迷茫？① 没目标/无规划/瞎忙/视野窄怎么办？ 扫码观看视频： 4.3.1 项目启动 – 如何走出迷茫？没目标/无规划/瞎忙/视野窄怎么办？

---

① 取景框看世界. 如何走出迷茫？没目标/无规划/瞎忙/视野窄怎么办？[DB/OL]. https://www.bilibili.com/video/BV1vP4y1A7K4/? spm_id_from=333.337.search-card.all.click&vd_source=d3051e523089f42bc1092402 9c79d71d.

序号	任务	内容
2	观后感	【讨论】分享一下你的职业发展规划
3	做调研	【文件】互联网运营课程质量调研
4	接任务	【任务】通过活动运营提升用户留存率及促活

3. 项目成长

在用户生命周期管理的一期视频中已经提到了,用户留存是用户运营非常核心的指标之一。接下来,我们将继续学习在具体的用户激活和留存中,应该如何激活用户。

4.3.2 知识点－用户运营实操－1. 提升用户留存

(1) 提升用户留存

我们将带着"什么是用户留存,为什么用户留存很重要,以及如何计算和绘制"等问题,来学习用户留存。

1) 用户留存的价值

首先,我们要明确为什么用户留存如此重要。用户留存的价值如图12-1所示。

我们经常能看到,一个微信群为了促活拉新,群主发红包,群里一片热闹,结果红包一停,大家就散了。从数据上看,虽然拉新、促活数据都很好,但是用户留存率很低。那么这种群是没有实际效用的。

如果用户留存率很低,就意味着无论拉来了多少人,最后用户都跑了,产品就没办法获得稳定的流量,也不能满足用户的需求。

其次,对于一个产品来说,除去自传播之外,拉来一个用户是有成本的。

如图12-2所示,假如我们获取一个新客户的成本是10元,团队拉来了10个新人,1个月之后剩下了1个人,留存率为10%。

那么我们获取他的成本＝10元/10%＝100元,我们从他身上挣了60元,最终赔了40元。

因此,用户留存做得不好,从商业的角度来说,这家公司一直在做赔本买卖。

活跃拉新　PK　用户留存

图12-1　用户留存的价值

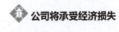

图12-2　新客成本计算

最后,用户留存对于活跃用户的增长其实是有长期影响的。本质上,用户的增长取决于两个因素:拉来多少人;留下多少人。

这就好比一个漏斗,拉新多相当于漏斗的进口很大,留存低相当于漏斗下面的出口很小,用户留存相当于从漏斗进入瓶子里的水。那么漏斗的出口越大,瓶子里的水也就越多。

如图 12-3 所示，我们可以得出结论，留存就是指用户在一定时间内持续使用产品或服务。而其对立面就是用户流失，即用户从某一个时间停止使用产品或服务。

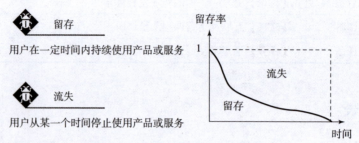

图 12-3　用户留存和流失相关性

2）用户留存的衡量指标

那怎么衡量用户留存呢？留存率计算公式如图 12-4 所示。

衡量用户留存的主要指标就是留存率，即在一段时间后仍然活跃的用户占总用户的百分比。

其计算公式为：这段时间内，结束时活跃用户数/开始时总活跃用户数。

知道了留存率，我们就可以根据留存率来绘制留存曲线了。

简单来说，留存曲线就是不同时期，根据用户留存率绘制的曲线。下面我们用一个案例来理解如何计算用户留存率。

图 12-4　留存率计算公式

3）用户留存的计算

如图 12-5 所示，我们以抖音 2022 年 4 月注册用户数为例。

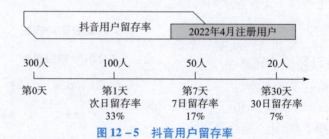

图 12-5　抖音用户留存率

假设 4 月 1 日作为起始日，注册的用户数为 300 人。

一天后，有 100 个人打开抖音观看了视频。因此，次日留存率为 100 人/300 人 ≈ 33%。

7 天后，剩下了 50 人会看抖音视频，此时，7 日留存率为 50 人/300 人 ≈ 17%。

30 天后，就只剩下 20 人还会看抖音视频了，此时 30 日留存率为 20 人/300 人 ≈ 7%。

如果我们把计算出来的留存率绘制在坐标轴中，可以得到一个下滑的曲线，如图 12-6 所示。

项目十二　用户运营模型　213

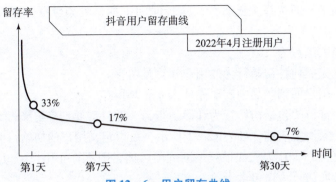

图 12-6　用户留存曲线

用一句话来描述留存曲线，就是首次完成初始行为的用户里有多少百分比在下一个时间周期完成回访行为。

在这个过程中，如图 12-7 所示，有四个关键点。

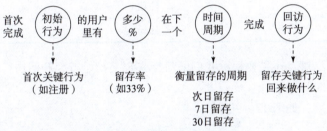

图 12-7　用户留存的四个关键点

第一个关键点是初始行为。一般来说，初始行为是指用户有一个首次的关键行为。

比如对于一个电商网站来说，可以将用户首次下单定义为"初始行为"。因为只有完成了初始行为的用户才谈得上留存。如果用户只是到我们的网站上去浏览了一下，根本就没有下过单，那这就谈不上留存，因为他还没有激活。

第二个关键点是有多少百分比。这其实就是我们的留存率。我们计算的时候就是看有多少有活跃行为的用户占这个最开始初始用户的比例。

第三个关键点是时间周期。留存率在不同的时间节点是不一样的，因此我们要看用户随着时间的推移的留存情况。

第四个关键点是回访行为，和初始行为一样，我们需要定义用户的"回访行为"是什么。比如对于淘宝，究竟是再次打开淘宝就算回访，还是用户回来第二次下单才算达成"回访行为"呢？要根据我们运营的目的来准确定义"回访行为"触发的标准。

4）绘制留存曲线

了解了留存曲线的定义之后，我们来学习如何绘制留存曲线。绘制留存曲线的步骤如图 12-8 所示。

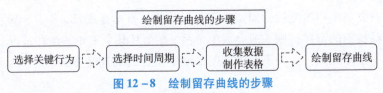

图 12-8　绘制留存曲线的步骤

其具体分为四步，即选择关键行为，选择时间周期，收集数据、制作表格，绘制留存曲线。

第一步，选择关键行为。

①初始行为：完成何种初始行为的用户才算是留存。

②回访行为：用户回到产品中需要做什么才算是留存。

前面说过，关键行为包括初始行为和回访行为，并且需要准确定义行为触发的条件。

比如，对于一家淘宝店铺，如表12-1所示，可以定义用户的初始行为包括"加购、收藏或下单"中的任何一个行为。如果只是浏览了店铺，则不算作用户，也就谈不上留存了。但是我们可以定义回访行为仅包含下单。

表12-1 用户初始行为与回访行为

产品	初始行为	回访行为
淘宝店铺	加购/收藏/下单	下单
抖音	注册	看视频
微博	注册	发信息

当然这个并不绝对，还是要根据我们的目标来定义初始行为和回访行为的触发条件。

第二步：选择时间周期。

这包括两个维度，如图12-9所示。

- **产品属性**
  天气：每天
  游戏：每天
  社交：每天
  听歌：每天-每周
  健身：每天-每周
  投资：每周-每月
- **新老用户**
  新用户留存： 次日、7天、30天
  长期用户留存：1个月、6个月、12个月

子类别	30日留存率	周使用频率
儿童	4%	1.28
动作	8%	2.55
策略	9%	2.87
街机	12%	2.9
赌场	18%	2.75
卡牌	19%	5.0

图12-9 不同产品的用户留存率

①产品属性。

不同产品的天然使用周期是不同的。比如天气、游戏、社交类软件，每天都会打开；而听歌、健身，可能不是每天都做，但是平均每周都会打开；而投资类软件，有的用户甚至几个月才会看看收益。同样是游戏类软件，不同的游戏类型，其打开率也是不同的。比如儿童类游戏，留存和活跃都偏低，平均5天打开一次；卡牌类的游戏，留存和活跃都是最高的，用户平均每天都会玩一次。

②新老用户。

比如，要研究新用户的流程，周期肯定要短一些，基本是次日、7天、30天的留存；而如果要研究产品长期的留存，则一般会看1个月、6个月甚至1年的留存情况。

这里补充一个知识点：如果不知道如何来确定留存的周期是多长，怎么从数据中心找到答案呢？

比如喜马拉雅和樊登读书，同样是读书类产品，无法确定究竟是将周活跃还是将月活跃作为核心指标。我们可以查看产品月活跃用户的分布情况，如图12-10所示。

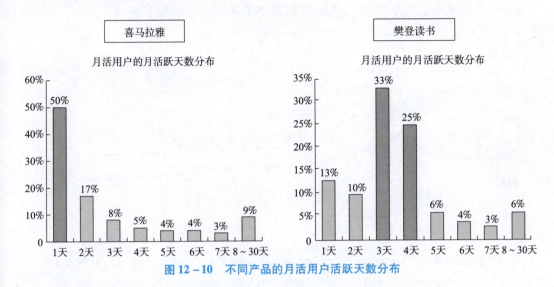

图12-10　不同产品的月活用户活跃天数分布

比如这一个月里，喜马拉雅有一半的人使用了一天，也就是每个月活跃1次，适用于月活跃。

而樊登读书一大半的人，使用了3~4天，也就是说，大部分用户每周都会打开使用，适用于周活跃。

由此可以大概推断出留存和活跃的周期是多长。

第三步，收集数据、制作表格。

收集数据、制作表格就是记录下每个周期的用户数据。以表12-2中的数据为例。

表12-2　用户留存数据表

开始日期	首次激活数	1周留存	2周留存	3周留存	4周留存	5周留存
1月1日	50	32	26	25	23	22
1月8日	70	53	45	44	42	41
1月15日	90	70	61	59	57	
1月22日	100	88	72	70		
1月29日	92	75	66			
2月5日	107	92				

1月1日，上一周有50人注册了账号；1周后有32人留存，2周后有26人留存……以此类推。

到1月8日，上一周共计70人注册账号，1周后有53人留存，比上周的数据有所上升。

我们将每一个留存的数，除以前面的激活人数，就得到了留存率，把留存率计算出来，填写在表12-2中，就得到了该产品不同时期的每周用户留存率。

比如，到了1月22日，产品的第1周留存率为88%，第2周的留存率为72%，均高于

1月1日的周留存率，说明留存情况有所好转。

第四步，绘制留存曲线。

根据前面的表格，我们将每一横行绘制成一条曲线，会得到多条曲线，如图12-11所示。

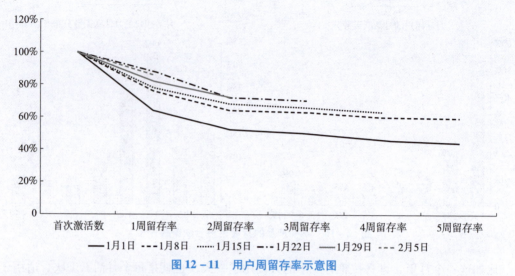

图 12-11 用户周留存率示意图

所有的曲线都是从100%开始逐渐下滑的，可以看到这款APP整体的留存情况是有所上升的，说明用户整体更加满意和精准了。

以上就是用户留存的计算和绘制。针对不同的产品，要根据其自身的情况和不同的时间节点，结合用户画像，来寻找产品和服务存在的问题，从而优化产品，提升留存率。

【拓展小课堂】

面对互联网市场的快速变化，我们需要不断适应新产品、新技术，应对用户的新需求，为用户创造新的体验。在新事物发生时，我们往往会不知所措，这时我们就可以通过归因分析，来发觉新事物产生的根本原因，从而帮助我们做出更加准确的决策。快点扫描视频二维码，让我们通过归因分析，来挖掘用户行为背后的动机吧！

4.3.3 用户行为分析——归因分析

(2) 提高用户活跃度和忠诚度的3步法

用户运营的作用之一是利用贡献值、奖励、特权来提高用户的活跃度和忠诚度，如图12-12所示。

4.3.4 提高用户活跃度和忠诚度的3步法

图 12-12 提升用户活跃度和忠诚度的核心指标

举个例子,一家互联网少儿英语公司,正在推广公司自制的唱歌、跳舞、学单词类短视频。这家公司想让孩子每天都能观看他们的视频,并且让家长积极点赞、转发、评论,应该怎么做呢?

可以使用提高用户活跃度和忠诚度的三个模块:贡献值、奖励、特权。

第一步,设计贡献值规则。

付出越多,肯定分值越高。用户观看、点赞、转发、评论是不同难度的行为,付出的时间、精力也不同。贡献值计算如图 12-13 所示。

图 12-13 贡献值计算

点赞最简单,通常分值最低,比如给 1 分。接下来是评论,也比较简单,但比点赞难一点,可以给 3 分。再然后是观看,这个动作需要用户花费更多的时间,也更重要一些,可以给 6 分。最后是转发,这个动作虽然比较简单,但说明用户对我们比较认同,付出了真心实意,分值最高,给 8 分。贡献值等于前面行为分值的累加。

第二步,设计奖励。

对用户而言,贡献值最大的用处是可以兑换奖励。关键在于,奖励必须让用户特别想要才行,如图 12-14 所示。对于孩子而言,他们想要的奖品是别人的夸奖。

那怎么才能让别人夸奖呢?当然是得让别人知道自己很厉害。那怎么让别人知道自己很厉害呢?比如奖励小达人勋章,挂在孩子身上,别人看到了,摸着孩子的头说:"哇,真厉害啊。"而这就是大多数孩子想要的东西——认同感。

同时,奖励要层层递进,让孩子每一步成长都对应着不同的勋章。

拿到某个等级勋章,还可以额外赠送玩具等孩子喜欢的东西。

第三步,设计特权。

贡献值越高的用户,说明对我们的支持力度越大,忠诚度也就越高,如图 12-15 所示。

图 12-14 奖励设计

图 12-15 用户贡献值

因此,我们应该针对不同的用户设计不同的特权。

比如只有贡献值达到一定数值的用户,才有权观看优质的视频或者参加奖品丰富的线下会员活动。

这就是我们在学习 RFM 模型时,对用户重要性分类的原因。越是重要的用户,我们越要投入更多的资源去服务,而不是把资源用在价值不大的人群上。

因此,用户运营的一个重要作用,就是让用户参与互动来获得贡献值,进而兑换奖励和特权,从而提高用户的忠诚度和活跃度。

【拓展小课堂】

除了以上的方案之外，我们也可以运用 IP 营销、口碑营销来提升用户的留存率和活跃度，感兴趣的同学可以扫码观看拓展知识。

4.3.5　IP 营销——用人设把路人变成顾客的运营方法　　　4.3.6　让用户爱上你的口碑营销

（3）运营人的自我修养

作为一名互联网运营人员，运营工作的复杂程度高、行业更新速度快，要求运营人员能够承受来自内心与外界的各种压力。面对压力，有的人能迅速成长起来，有的人却挫败感满满，甚至一蹶不振，选择逃离互联网。

4.3.7　知识点 – 用户运营实操 – 3. 运营人的自我修养

今天我们来学习一下，作为一名运营人员，如何在挫折中实现逆袭。

1）痛苦和成长

很多同学都或多或少被这个世界毒打过，很多人也都曾面对过他人无法理解的痛苦。在痛苦面前，我们常常焦虑、难过、痛苦……也许最终，我们用时间治愈了痛苦。

"自己"这个东西是看不见的，撞上一些别的什么，反弹回来，才会了解"自己"。所以很强的东西、可怕的东西、水准很高的东西相互碰撞，然后才知道"自己"是什么，这才是自我。

——山本耀司

那么痛苦的意义究竟在于什么呢？在于认识自我。正如山本耀司所说的：

我们自己心中有一个自以为了解的世界。里面有一套自洽的运行体系。很和谐，但也很狭隘。因为真实世界要复杂得多，大得多。每次遇到挫折，其实都是狭隘的自己碰撞到了暗礁。这些暗礁是真实世界的一部分。只是你以前不知道这些暗礁。

这些暗礁把我们刺破，让我们流血，给我们痛苦。如果我们选择不退缩，那么就能进入第三种状态。

把原来刺痛我们的东西，内化成自己身体的一部分，这就是成长。痛苦与成长如图 12 - 16 所示。

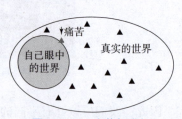

图 12 - 16　痛苦与成长

但是，如果我们每次触礁，就痛苦地躲回来，就会走向另外一种模式，你自己眼中的世界就会缩小。变得比原来还要小，变得越来越狭隘、封闭。开始讨厌身边那些标新立异的人，转而喜欢嘲讽和否定一切。

2）遭遇挫折的两种结局

有人对成长和退缩这两种模式有过深入的研究。研究发现，面对挫折，人们会开启欧皇和非酋两种完全不同的应对模式。

所谓欧皇，是指那种在卡牌收集游戏或者类似的游戏里面脸特别白、手气特别好、抽卡掉落特别牛的人，而脸白的是欧洲人，脸黑的是非洲人，欧洲人的皇者就是欧皇，意思是脸白运气好到极点的那些屹立于欧洲人顶端的人，这样说是不是就很清晰了？

很明显非酋是与欧皇相对的一个词，意思是非洲酋长，指运气最不好的人。

如图 12-17 所示，在非酋模式下，从逆境走出来之后，人会变得比以前更差，能力随着时间的推移反而下降了。

如图 12-18 所示，而在欧皇模式，人会变得比以前更好，能力在遭受挫折之后不降反升。

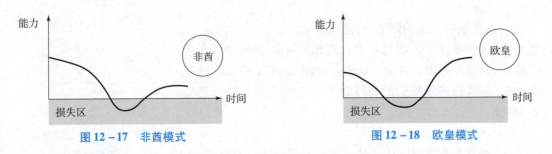

图 12-17　非酋模式　　　　　　　　图 12-18　欧皇模式

是什么造成欧皇模式和非酋模式的差别呢？

运气当然很重要。但是除了运气之外，我们还会发现一个因素，就是你愿意在下面的灰色区域忍受的时间越长，越不急于摆脱困境，就越能积蓄力量，把握翻盘机遇。

比如一个女生，失恋之后无法忍受失去男生的孤独感，就赶紧找了一个男生来填补内心的空白。这种情况下能找到更合适的人的可能性很低。但如果她失恋之后很淡定，该吃吃，该睡睡，冷静地思考什么人更适合自己，不急着谈下一场恋爱，那么反而会大大提高下一段恋爱的质量。

对于欧皇们，有一个双飞轮循环体系，如图 12-19 所示。

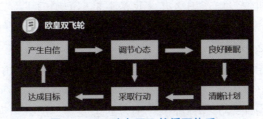

图 12-19　欧皇双飞轮循环体系

具体而言，就是他们通常更加相信自己能够走出来，所以，通常能够较好地调整好心态和身体状态。比如通过运动、看喜欢的动画片等来释放压力。让睡眠更好，从而保持清醒。让自己一直有清晰的计划，分析问题原因，拆解行动目标。同时，良好的心态和人体状态，能让人们保持高效的行动力。这样就能够持续地完成计划中的目标，而这又提升了自信，于是良性循环就建立了。

但是非酋们也有一个双飞轮循环体系，如图 12-20 所示。

他们通常会进入自我怀疑，然后消极颓废，经常失眠；第二天脑子一团浆糊，没有办法做出清晰的计划；而颓废和没有计划就会导致千头万绪，没法行动；没有行动，自然也就没有成果；这又进一步导致自我怀疑，然后就更加消极颓废，从而形成恶性循环。

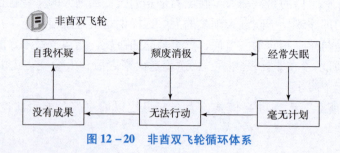

图 12-20　非酋双飞轮循环体系

3）从逆境中恢复的四个关键变量

从这两个循环中，我们就可以看出从逆境恢复的四个关键变量：自信、心态、计划、睡眠，如图 12-21 所示。这里的睡眠，其实也包含我们的身体状态，大脑是否清醒，思路是否敏捷。

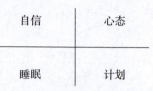

图 12-21　从逆境恢复的关键变量

①自信。

同学们有没有发现这样一种现象：自卑的人，总是正确，自信的人，总能翻盘。

在逆境中能够更快地走出来的人，通常都有过度自信的倾向。这种过度自信，并不是建立在实事求是的基础上，而是盲目地觉得自己可以。越理性的人，越难做到这一点。当然，过度自信有很多坏处，在很多方面给人带来灾难。但唯独在对抗逆境时，它的好处非常大，所以非常推荐那些天性保守和谨慎的小伙伴，在逆境中多一些盲目的过度自信。

②心态。

我们应尽量避免过分的焦虑和敏感，或者说要有一点钝感力。

部分同学确实更加容易处于焦虑和敏感的状态中，脑子里总是充斥着我晒黑了怎么办、我变胖了怎么办，我手机快没电了怎么办，我是不是忘记锁门了、忘记关电脑了，这项工作没做好会不会被领导训，我是不是今天不应该这么说话，他好像生气了，他为什么不搭理我了，是不是我做错了什么……

这种焦虑和敏感，正常状态下还可以维持，但是一旦遇到压力增加、问题混乱等情况时，心态非常容易崩溃。

如果你日常就很容易纠结于各种细节、别人的态度等，那么当你遇到挫折、逆境时，也更容易陷入长时间的自我否定、自我纠结、自我矛盾的状态里，甚至走进象牙塔。当然，这并不是说不应该思考问题，而是思考的角度应该调整。

③计划。

当我们能够调整自己，处于一个良好的、客观的、分析问题的心态时，要结合问题和困境，列出详细的计划清单。

比如以思维导图的模式，分析恋爱中分手的问题，如图 12-22 所示。

俩人分手了，究竟是感情问题、客观条件还是沟通问题、出轨了？找出问题根源，然后思考：是否需要复合，如果复合，需要解决掉上述的哪个问题，否则即便复合也会再次分手。

如果决定不复合了，确实要分手，那么依然要分析分手的根本原因。如果错在对方，放

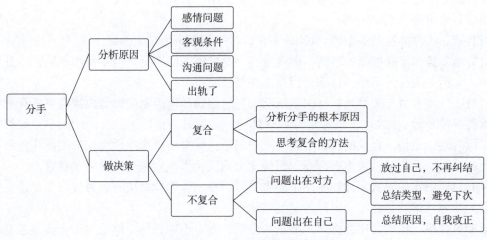

图 12-22 分手后的计划思维导图

过自己,不必再纠结,总结这类人群的特点,避免下次恋爱再碰到同样类型。如果问题在于自己,那么总结原因,自我改正,防止下次恋爱还是出现老问题。

可以思考,但不是纠结。

④睡眠。

拥有好的休息和良好的身体状态,才能让你以饱满的状态在困境中实现逆袭。

4)斯多葛控制二分法

每个人都想走欧皇模式,但问题是痛苦这个东西,它太痛苦了。正如下面这句话所说:

躲避痛苦是人类的天性

拥抱痛苦却是成长捷径

这两者特别矛盾。所以古今中外,无数圣人都在研究痛苦的道理。

比如,孟子说天将降大任于斯人也,以及佛法的《地藏经》、叔本华的《论生存与痛苦》、刘易斯的《痛苦的奥秘》等。以古希腊的斯多葛哲学为例,来看一下古人是如何解决痛苦的。

斯多葛的控制二分法,就是把生活中的所有事情分成三类,如图 12-23 所示。

图 12-23 斯多葛的控制二分法

第一类是我们完全能控制的。比如设定目标,你的目标是赚到 100 万元,或者是找到一份高薪工作,抑或不断成长。这些都是你能完全控制的。再如,价值观,有人觉得成就大于家庭,有人觉得折腾好于安逸,有人却完全相反。这些也是你能完全控制的。

第二类是我们完全不能控制的。比如,明天是晴天还是阴天,中美是否会出现贸易摩擦。

第三类是我们能控制一些,但又不能完全控制的。例如,能否升职加薪,能否面试成功,能否创业成功。生活中我们遇到最多的,最纠结的,就是第三类。

斯多葛的策略就是:

对待第一类你能控制的东西,100%专注,尽一切努力去把它做好。

对待第二类你不能控制的事情,彻底忽视,对它们视而不见。但是视而不见,不是完全不关注,你需要关注、了解、认识,但是不纠结。

对待第三类事情,关键是保持头脑清醒,把这里面你能控制的事情提炼出来,只集中精力在这类事情上面。比如,《决胜荒野》里的德爷,就是一个控制二分法的高手。德爷即便走了很远的路,但是一旦他确认自己进了死胡同时,就毫不犹豫地放弃原来的路线,另寻出路。也就是说,无论沉没成本有多高,只要无力回天,当机立断选择换一条赛道。

你看,遇到死胡同就是你控制不了的事情,但是,是选择解决问题另寻出路,还是懊恼纠结丧失斗志,这就是你完全可以控制的事情了。

求职这件事,也可使用斯多葛二分法来分析,设定求职目标,就是你完全能够控制的。

你可以把目标设定为求职成功,也可以把目标设定为尽力修炼自己,两者的心态截然相反。

如果你想求职成功,那么焦虑就不可避免。因为对方是否聘任你,是你完全不能控制的。但如果你的目标是尽力修炼自己,从一开始,你就只关注认真研究行业、投递简历、参加面试、提问题、争取后续机会,即便最终面试没有结果,你的修炼目标也已经达成了。

你会发现,能够抱着这种目标做事情的人,是无敌的。尽人事,听天命,本质上说的就是这个道理。

5)改变自我的勇气

犯错成本和年龄之间呈倒 U 型关系,如图 12-24 所示。

如果一个人年轻的时候,不敢积极地探索自己生命的可能性,那么等到中年,上有老、下有小的时候,犯错成本大大提升,人生轨迹就很难再改变了。

其实到了老师这个年龄,真的是非常羡慕同学们的。因为你们有着无限选择的

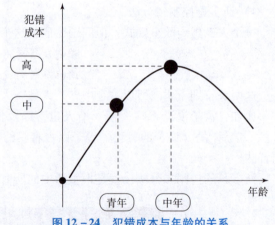

图 12-24 犯错成本与年龄的关系

权利、肆意犯错的权利、追求热爱的权利、心无旁骛的权利。

不过,这些权利却也伴随着巨大的压力。当老师今天再去回忆、反思时,会发现,学生与成年人之间的界限,就在于当你进入社会,被整个社会毒打时,是否有足够坚强的信念、勇气去面对社会的毒打。

毒打的结果,通常有三类。

①被社会打败。这类人通常容易变得不愿意面对现实、逃避社交、逃避工作、逃避责任,老师身边这样的同龄人大多是独生子女,家中多少有些积蓄,父母有工作或者有收入,他们最终会变成啃老族,与社会脱轨。

②把社会一顿毒打。这类人在社会里如鱼得水,每年的毕业生都会有几个是这种类型

的。他们在校期间平凡无奇,结果还没拿到毕业证,实习期间每月薪资就超过5万元,令人瞠目结舌。恭喜他们,成为天选娇子,走上人生巅峰。

③虽被社会一顿毒打,但最终接受社会,面对现实。罗曼·罗兰在《米开朗基罗传》里说:有一种英雄主义就是在认清生活的真相后,依然热爱生活。也许我们不是天选娇子,但我们没有失去勇气、自我、底线与对生命、人性、生活的热爱。

我们常说,愿你出走半生,归来仍是少年。尽管前路困难重重,但老师相信,你们注定会不断升级打怪,引领下一个时代的前进。

如果你被世界毒打了,你可以告诉自己:时间是最大的魔法师,它会治愈一切。所以永远不要丢掉自信、永远喜欢自己,也永远不要独自承担一切痛苦。

生活不易,有爱不死。

4.3.8 企业实战演练 – 12. 通过活动运营提升用户留存及促活 – 栾雅春

4. 项目策划

项目策划书

项目十二 用户运营实操	
项目名称	通过活动运营提升用户留存
项目目标	根据前期的用户分层和用户画像,选定2个客户群,并根据客户群的特征制定提升留存及促活的运营策略,落实在活动运用中,最终通过H5展现出来
项目说明	1. 根据用户分层选定两个相近的客户群; 2. 制定提升留存和促活的运营策略; 3. 制定活动策划方案,并在H5中体现出来
项目工具	Teambition　　　项目时间　　　120分钟(包含课后)
项目管理流程	

序号	任务名称	说明	负责人	KPI	时间
1	确认目标和资源	企业需求	成员A	1分	10分钟
2	撰写活动方案	方案策划	成员B	1分	15分钟
3	通过甘特图规划进度	方案监控	成员C	1分	15分钟
4	线上活动页设计	活动设置	成员D	1分	20分钟
5	页面开发测试	盲测评估	队长A	1分	5分钟
6	明确引流方案	推广方案	成员A	1分	15分钟
7	物料筹备与采购	后勤物资	成员B	1分	5分钟
8	传播资源投放	投放发布	成员C	1分	5分钟
9	数据监控	采集监控	成员D	1分	5分钟(并行)
10	撰写复盘报告	效果评估	队长A	1分	20分钟
11	项目成果展示	成果转化	队长	2分	10分钟

续表

项目评审（10 分）	
企业点评（40%）	
教师互评（10%）	
小组互评（20%）	
小组自评（20%）	
自评（10%）	

5. 项目执行

Teambition 项目执行流程示意图，如图 12-25 所示。

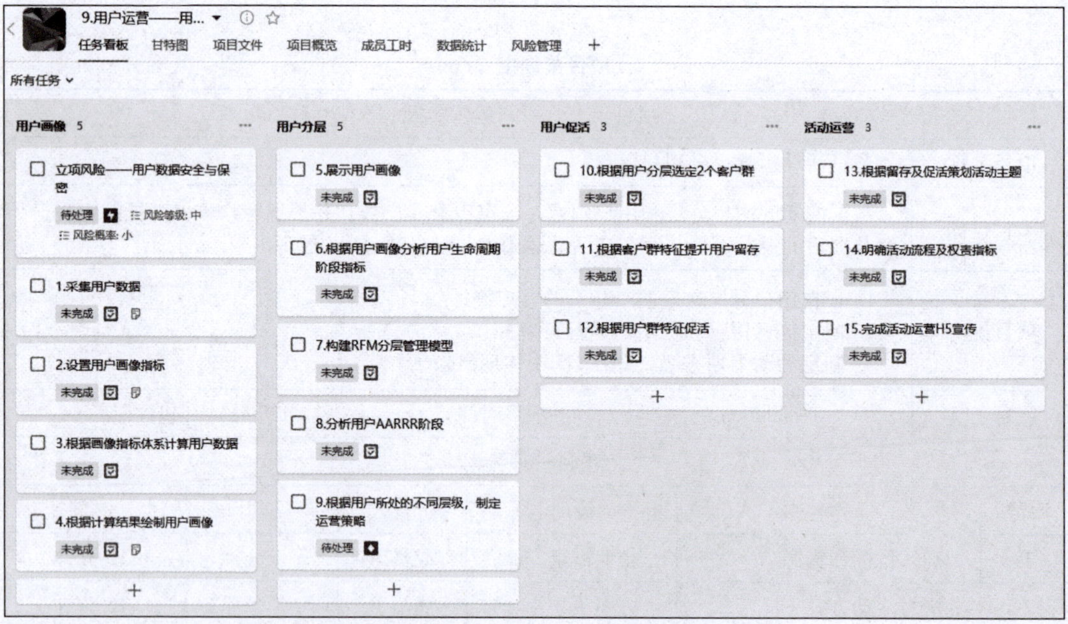

图 12-25　Teambition 项目执行流程示意图

6. 项目监控

我们通过用户运营模型的学习，再与项目监控相结合，可以有效地提高用户活跃度和忠诚度，确保目标达成，并提升用户体验和商业价值。我们可以通过 Teambition 监控任务完成情况。

（1）【多选题】提升用户留存的价值和目的包括（　　）。
　　A. 帮助产品获得稳定的流量　　　　B. 防止公司承担经济损失
　　C. 提升用户增长效果　　　　　　　D. 防止用户看不到产品

正确答案：ABC

(2)【多选题】留存曲线的关键要素包括（　　）。
A. 初始行为　　　　B. 留存多少百分比　　C. 时间周期　　　　D. 回访行为
正确答案：ABCD

(3)【多选题】以下可以作为用户留存时的初始行为的有（　　）。
A. 注册　　　　　　B. 下载　　　　　　　C. 下单　　　　　　D. 关注
正确答案：ABCD

(4)【多选题】以下产品类型适用于将"每天"作为留存计算时间周期的是（　　）。
A. 天气　　　　　　B. 地图　　　　　　　C. 游戏　　　　　　D. 社交
正确答案：ACD

(5)【多选题】提升用户忠诚度和活跃度的方法包括（　　）。
A. 鼓励用户参与活动　　　　　　　　　B. 计算用户贡献值
C. 设置奖励　　　　　　　　　　　　　D. 为贡献值高的用户设置特权
正确答案：BCD

(6)【判断题】留存就是指用户在一定时间内持续使用产品或服务，而它的对立面就是用户流失，即用户从某一个时间停止使用产品或服务。（　　）
正确答案：√

(7)【判断题】产品同一时间的留存率加上流失率等于1。（　　）
正确答案：√

(8)【判断题】衡量用户留存的主要指标就是留存率，即在一段时间后仍然活跃的用户占总用户的百分比。
其计算公式为：这段时间内，结束时的活跃用户数/开始时的活跃用户数。（　　）
正确答案：√

(9)【判断题】留存曲线就是不同时期留存率连起来绘制而成的一条曲线，通常是一条上升的曲线。（　　）
正确答案：×

(10)【判断题】有个别产品的留存率可能是一条微笑曲线，当产品的某个功能优化了之后，有老的用户回到产品，才会呈现下滑后又上升的趋势，俗称微笑曲线。（　　）
正确答案：√

(11)【判断题】产品计算留存的初始行为是固定不变的，不能更改。（　　）
正确答案：×

(12)【判断题】同一个品类的产品，计算用户留存的时间周期应该是一样的。（　　）
正确答案：×

(13)【判断题】确定用户留存时间周期，可以看用户平均几天打开一次产品的比率最高，最高比率下的日期即可作为核心留存周期。（　　）
正确答案：√

(14)【判断题】随着时间的推移，如果不同时期的留存曲线越来越低了，说明产品优化效果良好。（　　）
正确答案：×

（15）【判断题】所有留存曲线的起点都是1。（　　）

正确答案：√

7. 项目评审

序号	任务	作用
1	【成果】活动运营策略和H5海报	成果展示
2	【标准】过程考核表	明确项目评分标准

过程考核表			
项目名称	通过活动运营提升用户留存及促活		
项目类别	项目策划类	项目总分	15分
项目评分标准			
序号	任务名称	任务要求	项目得分
1	确认目标和资源	企业需求	1分
2	撰写活动方案	方案策划	2分
3	通过甘特图规划进度	方案监控	2分
4	线上活动页设计	活动设置	2分
5	页面开发测试	盲测评估	1分
6	明确引流方案	推广方案	1分
7	物料筹备与采购	后勤物资	1分
8	传播资源投放	投放发布	1分
9	数据监控	采集监控	1分
10	撰写复盘报告	效果评估	2分
11	项目成果展示	成果转化	1分
项目评分得分（10分）			
企业采纳（30%）			
教师点评（20%）			
小组互评（20%）			
小组自评（20%）			
自评（10%）			

8. 项目拓展

由于课程学到现在，我们在教材中没有对社群运营展开说明，感兴趣的同学可以扫描视频二维码,为自己的知识添砖加瓦,看看究竟什么是社群运营,以及要如何完成一些简单的社群运营项目。

1. 社群在公司运营中的位置

4.3.8 社群在公司运营中的位置

2. 社群运营的 KPI 设置

4.3.9 社群运营——KPI 的设置

3. 社群运营规则的设置

4.3.10 社群运营——运营规则设置

4. 社群运营的引流方法

4.3.11 社群运营——引流方法

5. 社群运营的价值沉淀

4.3.12 社群运营——价值沉淀

6. 项目拓展二维码

4.3 小红书野奢秘境漫游
营销通案【互联网】【通案】

参 考 文 献

[1] 段峰峰. 新媒体数据分析与应用[M]. 北京：人民邮电出版社，2020.
[2] 王栓军，赵岩红. 互联网产品运营[M]. 北京：北京邮电大学出版社，2022.
[3] 苗小刚，李伟. 互联网运营、管理与营销全攻略[M]. 北京：化学工业出版社，2020.
[4] 黄有璨. 运营之光[M]. 北京：电子工业出版社，2017.
[5] 廖国良，刘奕. 新媒体综合实践教程[M]. 上海：上海交通大学出版社，2021.
[6] 李玉清，魏振锋，孟雯雯. 新媒体运营[M]. 北京：航空工业出版社，2022.
[7] 陈维贤. 互联网运营实战——从入门到精通[M]. 北京：电子工业出版社，2019.
[8] 北京博导前程信息技术股份有限公司. 电子商务数据分析概论[M]. 2版. 北京：高等教育出版社，2023.
[9] 于小艳. 互联网电商运营模式变革——从线上到线下[J]. 商业经济研究，2018(18)：84-86.
[10] 黄有璨. 运营之光：我的互联网运营方法论与自白2.0[J]. 杭州（周刊），2019(7)：50.